A Fresh Approach

TURKISH
Grammar I

Ali Akpınar
Katja Zehrfeld

Bibliografische Information der Deutschen Nationalbibliothek
Die Deutsche Nationalbibliothek verzeichnet diese Publikation in der Deutschen Nationalbibliografie; detaillierte bibliografische Daten sind im Internet über http://dnb.d-nb.de abrufbar.

© 2007 Ali Akpınar, Katja Zehrfeld
www.study-turkce.com
info@study-turkce.com
www.zehrfeld.eu
katja@zehrfeld.eu

All rights reserved. No parts of this publication may be reproduced, stored in a retrieval system, or transmitted, in any form or by any means, electronic, mechanical, photocopying, recording or otherwise, without the prior permission of the authors.

Weder das Werk noch seine Teile dürfen ohne Einwilligung der Autoren überspielt, gespeichert und in ein Netzwerk eingespielt werden. Dies gilt auch für Intranets von Schulen, Firmen und sonstigen Bildungseinrichtungen.

Herstellung und Verlag: Books on Demand GmbH, Norderstedt

Covergestaltung: Katja Zehrfeld

Satz und Layout: Ali Akpınar, Katja Zehrfeld

Printed in Germany.

ISBN: 978-3-8370-1128-9

Introduction • Vorwort

Having Fun Learning Turkish! Easy & Effective!

This book should provide you with lots of pleasure while studying Turkish. It is designed to both teach and entertain. Our main approach is to supply you with easy grammar explanations, simply understandable grammar rules, a clear structure and lots of motivation. Plenty of hands-on exercises and examples offer a balance between classical language learning the absolute joy of playing with words. The idea of publishing this book was born from practical experience in seminars, and language classes. This book as both a self-study and reference book is intended to be a tremendous help in learning Turkish. It is part of a series of carefully designed reference and practice books to anyone studying or teaching Turkish. The answer keys are provided on the webpage www.study-turkce.com. Our, *Ali Akpınar*, Turkish lecturer and author, and *Katja Zehrfeld*, English and German lecturer, author, and Turkish learner myself, main focus is to present you an enlighting and helpful guide – comprehendable, diversified, and realistic.

Good luck and lots of fun while studying!

Your authors
Ali Akpınar and Katja Zehrfeld

....

Türkisch lernen mit Spass! Einfach & effektiv!

Das vorliegende Buch soll Ihnen Freude machen und keine Langeweile aufkommen lassen. Unser Anliegen ist es, Ihnen mit einfachen Grammatik-Erklärungen, leicht verständlichen und klaren Regeln, einem übersichtlicher Aufbau und viel Motivation die Türkische Sprache näher zu bringen. Zahlreiche, realitätsnahe Aufgaben und Beispiele runden den Lernerfolg ab und bilden eine Balance zwischen traditionellem Lernen und dem absoluten Spass mit Wörtern zu spielen.
Entstanden ist die Idee zu diesem und unseren anderen Büchern aus der Praxis heraus in Seminaren und Sprachkursen. Dieses Buch als Selbstudienbuch und Nachschlagewerk soll als unersetzliche Hilfe für das Türkisch lernen dienen. Es ist Teil einer Serie von Selbststudienbüchern und Nachschlagewerken für Türkisch-Lernende und Unterrichtende. Die Lösungsschlüssel finden sich auf unserer Webpage www.study-turkce.com. Unser (*Ali Akpınar*, Türkisch-Dozent und Autor, und *Katja Zehrfeld*, Englisch-und Deutsch-Dozentin, Autorin und selbst Türkisch-Lernende) Hauptanliegen ist es, die Übungen und Erklärung so verständlich, abwechslungsreich und praxisnah wie möglich zu gestalten.

Viel Erfolg und Spass beim Lernen!

Ihre Autoren
Ali Akpınar und Katja Zehrfeld

READERS' COMMENTS

Stan Steward, Journalist, San Diego, USA
"As native English speakers we have found Study Turkish books to be a simple and effective tool for learning Turkish. The series is well thought out, builds on itself, and is the best format we have found for study of the language."

Zachary Moore, English Language Teacher, North Carolina, USA
"I have found these books to be a tremendous help in learning Turkish. The easy readers provide simple texts in an enjoyable context and the grammar and vocabulary books include enough practice to get to know the material without becoming tedious. Moreover, the books are paced far better than any other Turkish learning resources I have yet encountered."

Marta Arroyal, Database Director, Madrid, SPAIN
"I have found them very useful, because the way of learning is very easy and as you have to repeat using similar sentences, it is easy to remember not only the vocabulary but also the grammar. The exercises are very completed too. And you can find a little dictionary at the end and some keys in order to check about the answers. I strongly recommend those books."

Martina Dentilli, Italian Language Teacher, Venecia, ITALY
"A very good starting point for those who wish to speak Turkish by touching many different subjects. A complete set that makes sure Turkish is fun, pleasant and productive."

Danielle Jakubiak, English Language Teacher, Prince Edward Island, CANADA
"Vocabulary and Grammar books - Çok hızlı bir ögrenci! The guides give an intensive but enjoyable introduction to Turkish grammar and vocabulary. The grammar guide's repetitive drills help cement the student's understanding of the structures underlying every Turkish sentence without becoming monotonous."

Colin Daly, Engineering Student, Victoria, CANADA
"These books are absolutely invaluable to anyone planning to learn Turkish as a foreign language. They are written based on extensive understanding of the fundamental principles of language learning. The Easy-Readers are written so that you can pick them up for the pleasure of reading, not just to study. The stories are simple yet inticing, and the biographies contain cultural and historical information that will motivate you to learn more Turkish.
A learner of Turkish as a foriegn language should not be left without these wonderful learning aids!"

Contents • Inhalt

Lesson   **Page**

1. **O güzel bir kız.** Nouns & adjectives / Substantive & Adjektive 09
2. **Bu bir kitap.** Bunlar kitaplar. Plural nouns / Pluralform................. 11
3. **masa tenisi** Compound nouns / Komposita. 13
4. **Nereye gidiyorsun? Eve.** To / Nach. 15
5. **Ali nerede? Evde.** At, in / in, im 17
6. **Ali nereden geliyor? Evden.** From / von, aus 19
7. **Bir araba var.** There is / Es gibt. 22
8. **Garajda bir araba var mı? Hayır, yok.** Is there? / Gibt es?. 23
9. **O kim? O bir doktor.** Verb 'to be' / Affirmative / sein. 24
10. **Bu kimin kalemi? O benim kalemim.** Possessives / Possessivpronomen. 27
11. **Siz kimsiniz? Biz doktoruz.** Verb 'to be' / Affirmative / sein. 29
12. **Bu kimin kalemi? Bizim kalemimiz.** Possessives / Possessivpronomen 30
13. **O bir doktor mu?** Verb 'to be' / Questions / sein / Fragen 33
14. **O bir doktor değil.** Verb 'to be' / Negative form / sein / Verneinung. 35
15. **O bir doktor mu? Evet, bir doktor.** Verb 'to be' / Questions / sein, Fragen 37
16. **O ne?** Wh- Questions / W-Fragen. 38
17. **Sen benim arkadaşımsın.** Possessives & Verb 'to be'/ Besitz, sein. 39
18. **Benim bir arabam var.** Have / haben 41
19. **Kaç tane / ne kadar? Çok.** Quantity / Quantität 44
20. **Banka nerede? Sinemanın karşısında.** Saying where things are / wo.. 46
21. **ile / hakkında / için** With / By & About & For / mit , über, für. 48
22. **Ali Ayşe'den daha büyük.** Comparison / Vergleich 51
23. **Türkçe en kolay dil.** Superlative / Superlativ 54
24. **Türkçe İngilizce kadar kolay.** As...as / genauso... wie 55
25. **O şu anda Türkiye'de Türkçe öğreniyor.** Word Order / Satzordnung 58

5

26. **Televizyon izle. Televizyon izleme.** Commands / Befehlsform. 59
27. **Bir film izle. Filmi izle.** Definite, indef. object./ direkt. Indirekt.Objekt. 62
28. **O film izliyor.** Present Continuous Tense / Affirmative / Präsens 65
29. **Biz film izliyoruz.** Present Continuous Tense / Affirmative / Präsens 67
30. **O film izliyor mu?** Present Continuous Tense / Questions / Präsens, Fragen 69
31. **O film izlemiyor.** Present Continuous Tense / Negative / Präsens, Verneinung 71
32. **O şimdi film izliyor.** Time Expressions / Zeiten. 73
33. **O çay içmek istiyor. O çay içmeyi seviyor.** Want & Like/ wollen, mögen 75
34. **Bu kimin kalemi? O Ali'nin kalemi.** Possessives/ Besitz 78
35. **Onun Türkçe öğrenmeye ihtiyacı var.** Need / brauchen. 81
36. **O Türkçe konuşabilir.** Ability / Affirmative /Fähigkeit. 85
37. **Biz Türkçe konuşabiliriz.** Ability / Affirmative / Fähigkeit 87
38. **Sen Türkçe konuşabilir misin?** Ability / Questions / Fähigkeit, Fragen 89
39. **O Türkçe konuşamaz.** Ability / Negative / Fähigkeit, Verneinung. 91
40. **O Türkçe konuşabiliyor.** Be able to / Affirmative / können 95
41. **O Türkçe konuşabiliyor mu?** Be able to / Questions/ Können, Fragen 98
42. **O Türkçe konuşamıyor.** Be able to / Negative / können, Verneinung. 99
43. **O dün evdeydi.** Past verb 'to be' / Affirmative / Vergangenheit, sein. 101
44. **Biz dün evdeydik.** Past verb 'to be' / Affirmative /Vergangenheit, sein 103
45. **O dün akşam evde değildi.** Past verb 'to be' / Negative /Vergang. Sein, Verneinung 105
46. **O geçen hafta okulda mıydı?** Past verb 'to be' / Questions / Vergang. Sein, Fragen 107
47. **O dün akşam evdeydi.** Time Expressions / Zeiten 110
48. **Onun bir arabası vardı.** Had / hatte. 111
49. **O film izliyordu.** Past Continuous Tense / Affirmative / Imperfekt. 114
50. **O film izliyor muydu?** Past Continuous Tense / Questions / Imperfekt, Fragen 117
51. **O film izlemiyordu.** Past Continuous Tense / Negative / Imperfekt, Verneinung . . . 120
52. **O film izledi.** Past Tense / Affirmative / Vergangenheit, Aorist 122
53. **Biz film izledik.** Past Tense / Affirmative / Vergangenheit, Aorist. 125
54. **O film izledi mi?** Past Tense / Questions / Vergangenheit, Aorist, Fragen. 127

55. O [partiden sonra] eve geldi. After / nach, danach. 130

56. O [filmden önce] yemek yedi. Before / vor, davor 132

57. O [sabaha kadar] ders çalıştı. Until / bis 133

58. O film izlemedi. Past Tense / Negative / Vergangenheit, Aorist, Verneinung 135

59. O dün akşam film izledi. Time Expressions / Zeiten. 138

60. O henüz gelmedi mi? Demin geldi. Ever & Yet & Just / schon jetzt, jetzt gerade. . . . 140

61. Ben filmi izledim. Definite Suffix / Bestimmtheit, Unbestimmheit. 141

62. O çok hızlı koştu. Adverbs / Adverbien 144

63. O [eve gelince] yemek yedi. When / als, wann, wenn. 146

64. O "Ben film izledim," dedi. Reporting I ./ Direkte Rede 148

65. Yukarı çıkma, aşağı in. 149

66. O [yürüyerek] eve gitti. By doing / indem. 150

67. O [eve gidip] film izledi. And / und 152

68. O [tatildeyken] denize gitti. While / während 153

69. O yüzmeye gitti. Verb groups / Verbgruppen. 155

70. O film izleyecek. Future Tense / Affirmative / Futur 157

71. Biz film izleyeceğiz. Future Tense / Affirmative / Futur 160

72. O film izleyecek mi? Future Tense / Questions / Futur, Fragen 162

73. O film izlemeyecek. Future Tense / Negatives / Futur, Verneinung 164

74. O yarın akşam film izleyecek. Time Expressions / Zeiten 167

75. Eğer film güzelse, biz izleyeceğiz. Conditional / Konditionalform 170

76. Ben ne çay istiyorum, ne de kahve. Either & Neither & Both / weder... noch, sowohl... als auch 172

77. benim / bizim / senin / sizin Possessives & Suffixes / Besitz, Suffixe 174

78. Söyle ona, buraya gelsin. Commands & Reporting II / indirekte Rede. 178

79. Yemek yesene. Suggestions & Insist / Vorschlag, Behauptung 183

80. Yardım edeyim mi? Offers / Wunschform 184

81. Ben o kadar açım ki! o kadar...ki / so viel..., dass 187

82. O [koşa koşa] dışarı çıktı. Adverbs / Adverbien 190

83. Ali ile Ayşe buluştular. Reciprocal Suffix / gegenseitig, zusammen 192

84. **O işe gitmek zorunda.** Obligation / Pflicht 193
85. **O Türkçe öğrenmeli.** Suggestions & Obligation / Vorschläge, Pflichten 196
86. **O film izlemiş.** Reporting III / Perfekt....................................... 202
87. **Ben sinemaya gittim.** To / nach... 204
88. **[Top oynayan] çocuk benim arkadaşım.** En-Participle / en-Partizip 206
89. **O [ekmek almak için] bakkala gitti.** Infinitive of Purpose / Zweck............. 207
90. **[Benim gitmem] gerek.** Necessity & Obligation / Zwang, Muss, Pflicht 208
91. **[Onun doktor olduğu] doğru.** Clauses I / Sätze I 211
92. **[Onun Türkçe bildiği] doğru.** Clauses II / Sätze II 213
93. **O [top oynadığı için] çok yorgun.** Clause III / Sätze III 216
Index 218
About the Authors.. 219
List of Books.. 220

Lesson 1: O güzel bir kız.
Nouns & Adjectives • Substantive & Adjektive

Turkish	Your Language
ev	
bir (**tane**) ev	
araba	
bir (**tane**) araba	

bir is both 'one' and 'a/an' in Turkish.

bir ist gleichzeitig unbestimmter Artikel und Kardinalzahl (ein, zwei Häuser).

Turkish	Your Language
bu / şu / ne / bir	
Bu ne?	
O bir araba.	
Şu ne?	
O bir araba.	

bu is 'this,' **şu** is 'that' in Turkish.

bu ist 'dies hier', **şu** ist 'dies dort'.

1.1 Ask and answer. Frage und antworte.

1. bu / ne / araba   *Bu ne? O bir araba.*
2. şu / ne / elma   _____
3. bu / ne / ev   _____
4. şu / ne / anahtar   _____
5. bu / ne / gazete   _____
6. şu / ne / para   _____
7. bu / ne / kalem   _____
8. şu / ne / bardak   _____

Turkish	Your language
bir adam	
genç **bir** adam	
çok genç **bir** adam	

bir is always used before the noun.

bir steht immer vor dem Substantiv.

1.2 Rewrite with "bir". Schreibe mit "bir".
1. genç / doktor   *O genç bir doktor.*
2. zayıf / kadın   _____
3. güzel / kadın   _____
4. hızlı / araba   _____
5. büyük / ev   _____
6. pahalı / bilgisayar _____
7. iyi / adam   _____
8. kötü / insan   _____
9. tatlı / elma   _____
10. kolay / dil   _____
11. zengin / aile   _____
12. kalabalık / şehir _____
13. küçük / çocuk   _____
14. iyi / öğretmen   _____
15. zor / ders   _____

Turkish	Your Language
O nasıl bir araba?	
O hızlı bir araba.	

nasıl means 'how' and 'what kind' as well.

nasıl bedeutet 'wie' und 'was für'.

1.3 Ask and answer. Frage und antworte.
1. o / nasıl / araba / hızlı   *O nasıl bir araba? O hızlı bir araba.*
2. o / nasıl / ev / büyük   _____
3. o / nasıl / okul / iyi   _____
4. o / nasıl / adam / şişman   _____
5. o / nasıl / elma / tatlı   _____
6. o / nasıl / film / ilginç   _____
7. o / nasıl / doktor / çok iyi _____
8. o / nasıl / şehir / küçük   _____

Lesson 2: Bu bir kitap. Bunlar kitaplar.
Plural Nouns • Pluralform

Turkish	Your Language
ev**ler**	
araba**lar**	

– **ler** / **lar** is plural suffix.

- **ler** / **lar** sind Pluralendungen.

2.1 Write "bir" if necessary. Benutze „bir", wenn notwending.

1. *bir* adam
2. _____ anahtar
3. _____ evler
4. _____ çocuk
5. _____ şehir
6. _____ arabalar
7. _____ kız
8. _____ kitap
9. _____ kalem
10. _____ telefonlar
11. _____ ekmekler
12. _____ limon
13. _____ kadınlar
14. _____ çanta
15. _____ soru
16. _____ gazeteler
17. _____ top
18. _____ bardak
19. _____ şişeler
20. _____ şapka

Turkish	Your language
arab**a**l**ar**	
hal**ı**l**ar**	
t**o**p**lar**	
çoc**u**k**lar**	

If the last vowel is **a, ı, o, u**, the suffix is – **lar**.

Den Vokalen a, ı, o, u folgt das Suffix – **lar**.

2.2 Rewrite with "– lar". Benutze "- lar".

1. adam   *adamlar*
2. kadın   _____
3. kitap   _____
4. boru   _____
5. davul   _____
6. saksı   _____
7. numara   _____
8. bilgisayar _____
9. bıçak   _____
10. top   _____

Turkish	Your Language
erk**e**k**ler**	
den**i**z**ler**	
g**ö**l**ler**	
g**ü**l**ler**	

If the last vowel **e, i, ö, ü**, the suffix is – **ler**.

Den Vokalen e, i, ö, ü folgt das Suffix – **ler**.

2.3 Rewrite with "– ler". Benutze "-ler".

1. erkek   *erkekler*
2. ülke   _____
3. gül   _____
4. çiçek   _____
5. sülün   _____
6. öğrenci _____
7. göl   _____
8. ütü   _____
9. ekmek   _____
10. tüp   _____

Turkish	Your Language
ev	
ev**ler**	
bir ev	
iki ev	

Nouns used with numbers are singular.
Substantive mit Kardinalzahlen stehen im Singular.

Turkish	Your Language
bunlar / şunlar	
Bunlar ne?	
Onlar araba.	
Şunlar ne?	
Onlar araba.	

bunlar and **şunlar** are used with plural nouns.
bunlar und **şunlar** folgt die Mehrzahl.

2.4 Ask and answer. Frage und antworte.

1. bunlar / ne / araba   *Bunlar ne? Onlar araba.*
2. şunlar / ne / elma   _____
3. bunlar / ne / anahtar _____
4. şunlar / ne / gazete   _____
5. bunlar / ne / para   _____
6. şunlar / ne / kalem   _____
7. bunlar / ne / bardak   _____
8. şunlar / ne / televizyon _____

2.5 Fill in the blanks with "– ler" ve "– lar". Fülle die Lücken mit „-ler", und „-lar".

1. çanta*lar*
2. balık_____
3. kuaför_____
4. koku_____
5. kız_____
9. göl_____
10. gül_____
11. limon_____
12. gemi_____
13. masa_____
17. amatör_____
18. kutu_____
19. üzüm_____
20. mektup_____
21. ütü_____
25. sabun_____
26. kadın_____
27. telefon_____
28. Fransız_____
29. vazo_____

12

6. yön_____   14. çocuk_____   22. bot_____   30. taksi_____
7. insan_____ 15. ekmek_____   23. şarkıcı_____ 31. koltuk_____
8. cadde_____ 16. kağıt_____   24. papatya_____ 32. çiçek_____

Lesson 3 : masa tenisi
Compound Nouns • Komposita

Turkish	Your Language
iş ad<u>a</u>mı	
aşk şark<u>ı</u>(s)ı	
cep telef<u>o</u>nu	
yağmur bul<u>u</u>tu	

Compound nouns (two words) are used with suffixes in Turkish. The suffix is used with the second word. If the last vowel is **a, ı, o, u** the suffix is – **(s) ı / u**.

Komposita, zusammengesetzte Substantive, werden mit Suffixen gebildet. Das Suffix steht am zweiten Wort. Wenn der letzte Vokal **a, ı, o, u** ist folgt – **(s) ı / u**.

3.1 Rewrite with "– (s) ı / u". Benutze „-(s) ı / u".

1. erkek tavla *erkek tavlası*   6. dil okul   _____
2. maça kız   _____   7. çay kaşık   _____
3. Arap at   _____   8. futbol top   _____
4. at araba   _____   9. yaz yağmur   _____
5. ders kitap   _____   10. iş telefon   _____

Turkish	Your Language
Türk kahv<u>e</u>si	
masa ten<u>i</u>si	
Van g<u>ö</u>lü	
doğum g<u>ü</u>nü	

If the last vowel is **e, i, ö, ü** the suffix is – **(s) i / ü**.

Wenn der letzte Vokal **e, i, ö, ü** ist, folgt – **(s) i / ü**.

3.2 Rewrite with "– (s) i / ü". Benutze „- (s) i / ü".

1. doğum gün *doğum günü*
2. akşam yemek _____
3. tavuk et _____
4. macera film _____
5. sokak kopek _____
6. kamp ateş _____
7. sandviç ekmek _____
8. Türk dil _____
9. kaşar peynir _____
10. sokak kedi _____

Turkish	Your Language
iş adam**ları**	
çiçek bahçe**leri**	

If the second word is plural, the suffix is - **leri / ları**.
Steht das zweite Wort im Plural, folgt **–leri / ları**.

3.3 Rewrite with "– leri / ları". Benutze „-leri / ları".

1. at araba *at arabaları*
2. futbol top _____
3. sokak kopek _____
4. tatil köy _____
5. ders kitap _____
6. macera film _____
7. ekmek bıçak _____
8. sokak kedi _____
9. yemek masa _____
10. çam ağaç _____

Turkish	
kaşı**k**	çay kaşı**ğ**ı
ağa**ç**	çam ağa**c**ı
kita**p**	İngilizce kita**b**ı

– **k / ç / p** becomes – **ğ / c / b**.
- **k / ç / p** wird zu – **ğ / c / b**.

Turkish	Your Language
kim	
O kim?	
O bir doktor.	
O bir çocuk doktoru.	

3.4 Ask and answer. Frage und antworte.

1. o / kim / kadın / doktor   *O kim? O bir kadın doktoru.*
2. o / kim / Türkçe / öğretmen   _____
3. o / kim / fizik / öğrenci   _____
4. o / kim / okul / müdür   _____
5. o / kim / taksi / şoför   _____
6. o / kim / tiyatro / oyuncu   _____

7. o / kim / iş / adam _____
8. o / kim / uçak / pilot _____
9. o / kim / polis / memur _____
10. o / kim / sokak / çocuk _____

3.5 Fill in the blanks with "– (s) i / ı / ü / u". Fülle die Lücken mit „- (s) i / ı / ü / u".

1. çay bahçe*si*
2. aşk şarkı____
3. Türk kahve____
4. Çin çay____
5. leylak koku____
6. bilgisayar oyun____
7. aile doktor____
8. Anadolu yaka____
9. el çanta____
10. Latin alfabe____
11. Rıhtım Cadde____
12. yatak oda____
13. cep telefon____
14. çay kaşık____
15. çorba kase____
16. güneş gözlük____
17. okul çanta____
18. telefon numara____
19. Türkçe ders____
20. Boğaz köprü____
21. çalışma masa____
22. tıraş losyon____
23. tatil köy____
24. saç fırça____
25. futbol maç____
26. iş kadın____
27. ekmek para____
28. salata tabak____
29. doğum gün____
30. yaz tatil____

Lesson 4 : Nereye gidiyorsun? Eve.
To • Nach

Turkish	Your Language
bakk**a**la	
Bart**ı**n'a	
İstanb**u**l'a	
dokt**o**ra	

– (y) e / a is 'to' in Turkish. The words ends with a vowel take – **y** – as a buffer. If the last vowel of the word is **a, ı, o, u** the suffix is – (y) **a**.

- (y) e / a zeigt die Richtung "nach" an. Endet das Wort mit ‚a', wird ein – **y** – zwischengeschoben. Bei **a, ı, o, u** folgt das Suffix – (y) **a**.

4.1 Rewrite with "– (y) a". Benutze „- (y) a".

1. okul — *okula*
2. maç — ___
3. doktor — ___
4. kurs — ___
5. lokanta — ___
6. oda — ___
7. bakkal — ___
8. kasap — ___
9. Ankara — ___
10. Ordu — ___

Turkish	Your Language
kons<u>e</u>re	
İzm<u>i</u>r'e	
Ürd<u>ü</u>n'e	
g<u>ö</u>le	

If the last vowel of the word is **e, i, ö, ü** the suffix is – **(y) e**.

Bei **e, i, ö, ü** folgt das Suffix – **(y) e**.

4.2 Rewrite with "– (y) e". Benutze „- (y) e".

1. ders — *derse*
2. dişçi — ___
3. Edirne — ___
4. eczane — ___
5. Türkiye — ___
6. pastane — ___
7. asker — ___
8. kantin — ___
9. deniz — ___
10. tatil — ___

Turkish	
durak	durağa
ağaç	ağaca
kitap	kitaba

– p / k / ç becomes – b / ğ / c.

- p / k / ç werden zu –b / ğ / c.

Turkish	Your Language
Nereye?	
O nereye gidiyor?	
O eve gidiyor.	

nereye is 'where (to)'.

nereye bedeutet 'wohin'.

4.3 Ask and answer. Frage und antworte.

1. o / nereye / gitmek / iş — *O nereye gidiyor? O işe gidiyor.*
2. o / nereye / gitmek / okul — ___
3. o / nereye / gitmek / ev — ___
4. o / nereye / gitmek / sınıf — ___
5. o / nereye / gitmek / tatil — ___
6. o / nereye / gitmek / bakkal — ___

7. o / nereye / gitmek / pazar _____
8. o / nereye / gitmek / berber _____
9. o / nereye / gitmek / parti _____
10. o / nereye / gitmek / kantin _____

Turkish
Rize'**ye**
İstanbul'**a**

Proper nouns take an apostrophe.

Bei Eigennamen trennt ein Apostroph das Richtungssuffix.

4.4 Fill in the blanks with "– (y) e / a". Fülle die Lücken mit „- (y) e / a".

1. Kadıköy'*e*
2. okul___
3. İstanbul___
4. iş___
5. restoran___
6. istasyon___
7. bakkal___
8. manav___
9. postane___
10. Taksim___
11. cadde___
12. deniz___
13. tatil___
14. otel___
15. doktor___
16. oda___
17. sınıf___
18. durak___
19. kuaför___
20. çarşı___
21. dişçi___
22. konser___
23. parti___
24. maç___
25. üniversite___
26. Fransa___
27. İtalya___
28. Brezilya___
29. stadyum___
30. Arjantin___
31. Kanada___
32. Amerika___
33. Japonya___
34. Türkiye___
35. hastane___

Lesson 5 : Ali nerede? Evde.
At / in • in / im

Turkish	Your Language
Restora**nda**	
Kapı**da**	
Oku**lda**	
İstasyo**nda**	

– **de** / **da** (**te** / **ta**) is 'at / in'. If the last vowel is **a, ı, o, u** the suffix is – **da** (**ta**).

- **de** / **da** (**te** / **ta**) bedeutet 'in / im'. Nach **a, ı, o, u** folgt das Suffix –**da** (**ta**).

5.1 Rewrite with "– da (ta)". Benutze „-da (ta)".

1. okul   *okulda*
2. maç   _____
3. doktor   _____
4. kurs   _____
5. lokanta   _____
6. oda   _____
7. bakkal   _____
8. kasap   _____
9. Ankara   _____
10. Ordu   _____

Turkish	Your Language
Evde	
İzmir'de	
Gölde	
Ürdün'de	

If the last vowel is **e, i, ö, ü** the suffix is **– de (te)**.

Nach **e, i, ö, ü** folgt das Suffix **–de (te)**.

5.2 Rewrite with "– de (te)". Benutze „-de (te)".

1. ders   *derste*
2. dişçi   _____
3. Edirne   _____
4. eczane   _____
5. Türkiye   _____
6. pastane   _____
7. asker   _____
8. kantin   _____
9. deniz   _____
10. tatil   _____

Turkish	Your Language
Kitapta	
Markette	
İşte	
Mayısta	
Ağaçta	
Durakta	
bu tarafta	

If the last letter is – **p / t / ş / s / ç / k / f** the suffix becomes – **te / ta**.

Ist der letzte Buchstabe ein – **p / t / ş / s / ç / k / f**, ist das Suffix **–te / ta**.

Turkish	Your Language
Nerede?	
O nerede?	
O evde.	

nerede is 'where (at)'.

nerede bedeutet ‚wo'.

5.3 Ask and answer. Frage und antworte.

1. o / nerede / okul   *O nerede? O okulda.*
2. o / nerede / İstanbul _____
3. o / nerede / lokanta _____
4. o / nerede / berber _____
5. o / nerede / deniz _____
6. o / nerede / hastane _____
7. o / nerede / banka _____
8. o / nerede / kuaför _____
9. o / nerede / sinema _____
10. o / nerede / balkon _____

5.4 Fill in the blanks with "– de / da (te / ta)". Fülle die Lücken mit „-de / da (te / ta).

1. Kadıköy '*de*
2. okul____
3. İstanbul____
4. iş____
5. restoran____
6. istasyon____
7. bakkal____
8. manav____
9. film____
10. otobüs____
11. vapur____
12. Taksim____
13. bilgisayar____
14. cadde____
15. deniz____
16. tatil____
17. otel____
18. doktor____
19. bahçe____
20. kitap____
21. sınıf____
22. durak____
23. kuaför____
24. doktor____
25. dişçi____
26. konser____
27. parti____
28. maç____
29. üniversite____
30. Fransa____
31. İtalya____
32. Brezilya____
33. stadyum____
34. Arjantin____
35. Kanada____
36. Amerika____
37. Japonya____
38. Türkiye____
39. gazete____
40. hastane____

Lesson 6 : Ali nereden geliyor? Evden.
From • von / aus

Turkish	Your Language
Bakka**ldan**	
Bartın'**dan**	
İstanb**ul'dan**	
Dokt**ordan**	

– **den / dan (ten / tan)** is 'from'. If the last vowel is **a, ı, o, u** the suffix is – **dan (tan)**.

- **den / dan (ten / tan)** bedeutet ‚von / aus'. Nach **a, ı, o, u** folgt das Suffix –**dan (tan)**.

6.1 Rewrite with "– dan (tan)". Benutze „-dan (tan)".

1. okul — *okuldan*
2. maç — _____
3. doktor — _____
4. kurs — _____
5. lokanta — _____
6. oda — _____
7. bakkal — _____
8. kasap — _____
9. Ankara — _____
10. Ordu — _____

Turkish	Your Language
Kons<u>e</u>rden	
İzm<u>i</u>r'den	
Ürd<u>ü</u>n'den	
G<u>ö</u>lden	

If the last vowel is **e, i, ö, ü** the suffix is **– den (ten)**.

Nach **e, i, ö, ü** folgt das Suffix **–den (ten)**.

6.2 Rewrite with "– den (ten)". Benutze „-den (ten)".

1. ev — *evden*
2. dişçi — _____
3. Edirne — _____
4. eczane — _____
5. Türkiye — _____
6. pastane — _____
7. asker — _____
8. kantin — _____
9. deniz — _____
10. tatil — _____

Turkish	Your Language
kita<u>p</u>tan	
bisikle<u>t</u>ten	
İ<u>ş</u>ten	
Pari<u>s</u>'ten	
ağa<u>c</u>tan	
mutfa<u>k</u>tan	
bu tara<u>f</u>tan	

If the last letter is **– p / t / ş / s / ç / k / f** the suffix becomes **– ten / tan**.

Ist der letzte Buchstabe ein **– p / t / ş / s / ç / k / f** ist das Suffix **–ten / tan**.

6.3 Rewrite with "– den (ten) / dan (tan)". Benutze „-den (ten)".

1. ders — *dersten*
2. sınıf — _____
3. Muş — _____
4. kış — _____
5. Kalamış — _____
6. maç — _____
7. durak — _____
8. otobüs — _____
9. Bilecik — _____
10. Sinop — _____

Turkish	Your Language
Nereden?	
O nereden geliyor?	
O evden geliyor.	

nereden is 'where (from)'.

nereden bedeutet ‚woher'.

6.4 Ask and answer. Frage und antworte.
1. o / nereden / gelmek / okul   *O nereden geliyor? O okuldan geliyor.*
2. o / nereden / gelmek / köy   _____
3. o / nereden / gelmek / Samsun   _____
4. o / nereden / gelmek / iş   _____
5. o / nereden / gelmek / Çin   _____
6. o / nereden / gelmek / Norveç   _____
7. o / nereden / gelmek / tiyatro   _____
8. o / nereden / gelmek / park   _____
9. o / nereden / gelmek / alışveriş   _____
10. o / nereden / gelmek / Kadıköy   _____

6.5 Fill in the blanks with "– den / dan (ten / tan)". Fülle die Lücken mit „-den / dan (ten/tan).

1. Kadıköy '*den*
2. İstanbul____
3. iş____
4. istasyon____
5. bakkal____
6. postane____
7. Taksim____
8. tatil____
9. otel____
10. doktor____
11. yol____
12. sınıf____
13. kuaför____
14. çarşı____
15. konser____
16. parti____
17. maç____
18. İtalya____
19. stadyum____
20. Arjantin____
21. Kanada____
22. Amerika____
23. Türkiye____
24. hastane____

Lesson 7 : Bir araba var.
There is • Es gibt

Turkish	Your Language
Bir araba **var**.	
Bir (tane) araba **var**.	
İki araba **var**.	
Araba**lar** **var**.	
Garajda bir araba **var**.	

var is 'There is'.

var bedeutet ,es gibt'.

7.1 Ask and answer. Frage und antworte.
1. ne / araba — *Ne var? Bir araba var.*
2. ne / çocuklar
3. ne / top
4. ne / televizyon
5. ne / öğrenciler
6. ne / iki tane tabak
7. ne / kitaplar ve defterler
8. ne / sorun
9. ne / kaza
10. ne / konser

7.2 Make sentences. Bilde Sätze.
1. oda / ne / televizyon — *Odada ne var? Odada bir televizyon var.*
2. cadde / ne / arabalar
3. okul / ne / öğrenciler
4. masa / ne / çiçek
5. televizyon / ne / güzel film
6. otobüs / ne / insanlar
7. çanta / ne / kitaplar
8. dükkan / ne / müşteri
9. İstanbul / ne / saraylar
10. bahçe / ne / kedi

7.3 Ask and answer. Frage und antworte.
1. nerede / araba / cadde — *Nerede bir araba var? Caddede bir araba var.*
2. nerede / çocuklar / okul
3. nerede / top / bahçe
4. nerede / televizyon / oda

5. nerede / öğrenciler / sınıf _____
6. nerede / bir tabak / masa _____
7. nerede / kitaplar / çanta _____
8. nerede / sorun / ofis _____
9. nerede / konser / Taksim _____
10. nerede / toplantı / şirket _____

Lesson 8 : Garajda bir araba var mı? Hayır, yok.
Is there? No, there isn't. • Gibt es? Nein, es gibt nicht.

Turkish	Your Language
Bir araba **var mı**?	
Araba**lar var mı**?	
Garajda **bir** araba **var mı**?	

var mı is 'is there'?

var mı bedeutet 'gibt es'?

**8.1 What is there in your neighbourhood? Build questions and give <u>true</u> answers.
Was gibt es in Deiner Nachbarschaft? Bilde Fragen und antworte <u>wahrheitsgetreu</u>.**

1. restoran   *Bir restoran var mı? Evet, var. / Hayır, yok.*
2. süpermarket   _____
3. kafe   _____
4. fırın   _____
5. kitapçı   _____
6. gazeteci   _____
7. benzinci   _____
8. manav   _____
9. otobüs durağı _____
10. taksi durağı _____
11. bakkal   _____
12. trafik ışıkları _____
13. park   _____
14. kasap   _____
15. İnternet kafe _____

Turkish	Your Language
Bir araba **yok**.	
Araba**lar** **yok**.	
Garajda **bir** araba **yok**.	

yok is 'there isn't'.

yok bedeutet ,es gibt nicht'.

8.2 Make negative sentences. Bilde negative Sätze.
1. stadyum / ne / seyirci   *Stadyumda ne yok? Seyirci yok.*
2. masa / ne / vazo
3. duvar / ne / resim
4. çanta / ne / kitap
5. oda / ne / masa
6. banyo / ne / sabun
7. sınıf / ne / öğrenci
8. dolap / ne / süt
9. banka / ne / para
10. bakkal / ne / sigara
11. tencere / ne / yemek
12. ev / ne / ekmek
13. köy / ne / sinema
14. bahçe / ne / ağaç

Lesson 9 : O kim? O bir doktor.
Verb 'to be' / Affirmative • das Verb ,sein' / Bejahung

Turkish	Your Language
doktor olmak	
Ben bir doktor**um**.	
Sen bir doktor**sun**.	
O bir doktor.	

olmak (imek) is verb 'to be'. It is used as personal suffixes.

olmak (imek) ist das Verb ,sein'. Allerdings werden im Türkischen personenanzeigende Endungen anstelle des Hilfsverbes ,sein' genutzt.

	After consonants	After vowels	After consonants	After vowels
a / ı	Ben bir mimarım. Sen bir mimarsın. O bir mimar.	Ben bir amcayım. Sen bir amcasın. O bir amca.	Ben bir kızım. Sen bir kızsın. O bir kız.	Ben bir fırıncıyım. Sen bir fırıncısın. O bir fırıncı.
e / i	Ben bir berberim. Sen bir berbersin. O bir berber.	Ben bir hemşireyim. Sen bir hemşiresin. O bir hemşire.	Ben bir gelinim. Sen bir gelinsin. O bir gelin.	Ben iyiyim. Sen iyisin. O iyi.
o / u	Ben bir doktorum. Sen bir doktorsun. O bir doktor.	Ben bir maçoyum. Sen bir maçosun. O bir maço.	Ben mutsuzum. Sen mutsuzsun. O mutsuz.	Ben mutluyum. Sen mutlusun. O mutlu.
ö / ü	Ben bir aktörüm. Sen bir aktörsün. O bir aktör.	Ben bir kuaförüm. Sen bir kuaförsün. O bir kuaför.	Ben bir gülüm. Sen bir gülsün. O bir gül.	Ben kötüyüm. Sen kötüsün. O kötü.

9.1 Rewrite with "O" (he, she, it). Bilde einen Satz und nutze „O" (er, sie, es).

1. o / öğrenci   *O bir öğrenci.*
2. o / futbolcu   _____
3. o / çok hasta   _____
4. o / evli   _____
5. o / doktor   _____

9.2 Rewrite with "Ben" (I). Bilde einen Satz und nutze „Ben" (ich).

1. ben / öğrenci   *Ben bir öğrenciyim.*
2. ben / güzel   _____
3. ben / evli   _____
4. ben / okulda   _____
5. ben / müdür   _____

9.3 Rewrite with "Sen" (you). Nutze „Sen" (du).

1. sen / öğrenci   *Sen bir öğrencisin.*
2. sen / aptal   _____
3. sen / çok güzel   _____
4. sen / doktor   _____
5. sen / çok iyi   _____

9.4 Make sentences. Bilde Sätze.

1. sen / güzel   *Sen güzelsin.*
2. ben / fakir   _____
3. o / mutlu   _____
4. sen / yakışıklı   _____
5. o / öğretmen   _____

6. sen / evli   _____
7. ben / şoför   _____
8. o adam / Türk   _____
9. sen / yorgun   _____
10. film / sıkıcı   _____

9.5 Fill in the blanks with persons. Fülle die Lücken mit Personalpronomen.

1. *Ben* bir öğrenciyim.
2. _____ güzelsin.
3. _____ bir öğretmen.
4. _____ evliyim.
5. _____ yorgunsun.
6. _____ bir aktör.
7. _____ fakir.
8. _____ Türküm.
9. _____ delisin.
10. _____ onun arabası.
11. _____ yakışıklı.
12. _____ özgürüm.
13. _____ işte.
14. _____ salaksın.

> Third person doesn't take a suffix. However, when it is takes – **dir** / **dır** / **dür** / **dur** (**tir** / **tır** / **tür** / **tur**) it is used to express facts.
>
> Die dritte Person benutzt keinen Suffix. Nur , wenn man einen Fakt darstellt benutzt man – **dir** / **dır** / **dür** / **dur** (**tir** / **tır** / **tür** / **tur**)).
>
> Limon ekşi**dir**.   Lemon is sour. (It's a fact. It never changes.)
> Dünya yuvarlak**tır**.   The world is round. (It's a fact. It never changes.)

9.6 Make sentences. Bilde Sätze.

1. ateş (sıcak)   *Ateş sıcaktır.*
2. dünya (yuvarlak)   _____
3. şeker (tatlı)   _____
4. limon (ekşi)   _____
5. demir (sert)   _____
6. pamuk (beyaz ve yumuşak)   _____
7. güneş (parlak)   _____
8. sağlık (önemli)   _____
9. Ferrari (hızlı araba)   _____
10. gece (karanlık)   _____

9.7 Answer the questions. Antworte.

nehir	kıta	dağ	deniz	şehir
okyanus	ülke	bina	volkan	saray

1. Everest nedir?   *O bir dağdır.*
2. Fransa nedir?   _____
3. Londra nedir?   _____
4. Afrika nedir?   _____
5. Marmara nedir?   _____
6. Atlantik nedir?   _____
7. Topkapı nedir?   _____
8. Empire State Building nedir? _____
9. Nil nedir?   _____
10. Vezüv nedir?   _____

Lesson 10 : Bu kimin kalemi? O benim kalemim.
Possessives • Possessivpronomen

Turkish	Your Language	Turkish	Your Language
Ben		benim	
Sen		senin	
O		onun	

Following words are used for possession. **benim** is 'my', **senin** is 'your' and **onun** is 'his, her, its'. The question is **kimin** 'whose'.

Folgende Pronomen drücken Besitz aus. **Benim** ist ‚mein', **senin** ist ‚dein', **onun** ist ‚sein, ihr, sein'. **Kimin** ist ‚wessen'.

Turkish	Suffixes
benim	- (i / ı / ü / u)m
senin	- (i / ı / ü / u)n
onun	- (s) i / ı / ü / u

- **p, ç, k** becomes **b, c, ğ**.

benim kitap – kita**b**ım
benim ağaç – ağa**c**ım
benim tarak – tara**ğ**ım

10.1 Rewrite with "benim" and "– im / ım / üm / um" kullanın. Schreibe besitzanzeigend (mein).
1. at   *benim atım*
2. kız   _____
3. ev   _____
4. dil   _____
5. okul   _____
6. süt   _____
7. bot   _____
8. göl   _____
9. araba   _____

10.2 Rewrite with "senin" and "– in / ın / ün / un". Schreibe besitzanzeigend (sein).
1. at   *senin atın*
2. kız   _____
3. ev   _____
4. dil   _____
5. okul   _____
6. süt   _____
7. bot   _____
8. göl   _____
9. araba   _____

10.3 Rewrite with "onun" and "– (s)i / (s)ı / (s)ü / (s)u". Schreibe besitzanzeigend (sein, ihr).
1. at   *onun atı*
2. kız   _____
3. ev   _____
4. dil   _____
5. okul   _____
6. süt   _____
7. bot   _____
8. göl   _____
9. araba   _____

Lesson 11 : Siz kimsiniz? Biz doktoruz.
Verb 'to be' / Affirmative • das Verb ‚sein' / Bejahung

Türkçe	Your Language
doktor olmak	
Biz doktor**uz**.	
Siz doktor**sunuz**.	
Onlar doktor**lar**.	

	After consonants	After vowels	After consonants	After vowels
a / ı	Biz mimarız. Siz mimarsınız. Onlar mimarlar.	Biz amcayız. Siz amcasınız. Onlar amcalar.	Biz kızız. Siz kızsınız. Onlar kızlar.	Biz fırıncıyız. Siz fırıncısınız. Onlar fırıncılar.
e / i	Biz berberiz. Siz berbersiniz. Onlar berberler.	Biz hemşireyiz. Siz hemşiresiniz. Onlar hemşireler.	Biz geliniz. Siz gelinsiniz. Onlar gelinler.	Biz iyiyiz. Siz iyisiniz. Onlar iyiler.
o / u	Biz doktoruz. Siz doktorsunuz. Onlar doktorlar.	Biz maçoyuz. Siz maçosunuz. Onlar maçolar.	Biz mutsuzuz. Siz mutsuzsunuz. Onlar mutsuzlar.	Biz mutluyuz. Siz mutlusunuz. Onlar mutlular.
ö / ü	Biz aktörüz. Siz aktörsünüz. Onlar aktörler.	Biz kuaförüz. Siz kuaförsünüz. Onlar kuaförler.	Biz gülüz. Siz gülsünüz. Onlar güller.	Biz kötüyüz. Siz kötüsünüz. Onlar kötüler.

11.1 Rewrite with 'Onlar' (they). Benutze ‚Onlar' (sie).

6. onlar / öğrenci   *Onlar öğrenciler.*
7. onlar / futbolcu
8. onlar / çok hasta
9. onlar / evli
10. onlar / doktor

11.2 Rewrite with 'Biz' (we). Benutze ‚Biz' (wir).

6. biz / öğrenci   *Biz öğrenciyiz.*
7. biz / güzel
8. biz / evli
9. biz / okulda
10. biz / müdür

11.3 Rewrite with 'Siz'. Benutze ‚Siz' (ihr).
6. siz / öğrenci   *Siz öğrencisiniz.*
7. siz / aptal   _____
8. siz / çok güzel   _____
9. siz / doktor   _____
10. siz / çok iyi   _____

11.4 Make sentences. Bilde Sätze.
1. siz / güzel   *Siz güzelsiniz.*
2. onlar / çok mutlu   _____
3. sen ve ben / evli   _____
4. biz / yorgun   _____
5. Oya ve ben / evde   _____

11.5 Fill in the blanks with persons. Fülle die Lücken mit Personalpronomen.

1. *Biz*   öğrenciyiz.
2. _____ güzelsin.
3. _____ bir öğretmen.
4. _____ bekarız.
5. _____ evliyim.
6. _____ yorgunuz.
7. _____ aktörsünüz.
8. _____ yakışıklısın.
9. _____ özgürüm.
10. _____ işte.
11. _____ fakirler.
12. _____ arkadaşsınız.
13. _____ güçlüyüm.
14. _____ arkadaşlar.
15. _____ evdeyiz.
16. _____ delisiniz.
17. _____ onun arabası.
18. _____ evdeyiz.
19. _____ berberdeler.
20. _____ aptalsın.

Lesson 12 : Bu kimin kalemi? O bizim kalemimiz.
Possessives • Possessivpronomen

Turkish	Your Language	Turkish	Your Laguage
Biz		biz**im**	
Siz		siz**in**	
Onlar		onlar**ın**	

Turkish	suffixes
biz**im**	- (i / ı / ü / u) **m**(i / ı / ü / u)**z**
siz**in**	- (i / ı / ü / u) **n**(i / ı / ü / u)**z**
onlar**ın**	- (s) **i** / **ı** / **ü** / **u** ya da – **leri** / **ları**

12.1 Rewrite with 'bizim' and '– miz / mız / müz / muz'. Schreibe besitzanzeigend (wir).

1. at   *bizim atımız*
2. kız
3. ev
4. dil
5. okul
6. süt
7. bot
8. göl
9. araba

12.2 Rewrite with 'sizin' and '– niz / nız / nüz / nuz'. Schreibe besitzanzeigend (euer).

1. at   *sizin atınız*
2. kız
3. ev
4. dil
5. okul
6. süt
7. bot
8. göl
9. araba

12.3 Rewrite with "onların" and "– leri / ları". Schreibe besitzanzeigend (ihr/ Plural).

1. at   *onların atları*
2. kız
3. ev
4. dil
5. okul
6. süt
7. bot
8. göl
9. araba

12.4 Fill in the blanks. Fülle die Lücken.

1. senin okul *un*
2. bizim ev____
3. sizin çanta____
4. benim hayat____
5. onun baba____
6. bizim otel____
7. onların ev____
8. benim tatil____
9. senin elma____
10. onların sorun____
11. sizin iş____
12. bizim ülke____
13. onun karı____
14. senin koca____
15. benim kitap____
16. bizim çay____
17. onun saç____
18. senin kardeş____
19. onun araba____
20. bizim dergi____
21. onun sigara____
22. bizim hayat____
23. benim su ____
24. sizin baba____
25. senin göz____

Turkish	Your Language	Turkish	Your Language	Turkish	Your Languge
Ben		benim		benimki	
Sen		senin		seninki	
O		onun		onunki	
O		onun		onunki	
O		onun		onunki	
Biz		bizim		bizimki	
Siz		sizin		sizinki	
Onlar		onların		onlarınki	

12.5 Rewrite the expressions. Schreibe um.

1. bizim kitabımız   *bizimki*
2. benim arabam   _____
3. senin öğretmenin   _____
4. onun kardeşi   _____
5. bizim evimiz   _____
6. sizin okulunuz   _____
7. onların evi   _____
8. benim arkadaşım   _____

Study the expressions:

O benim arabam.   O benimki / benim.
O senin araban.   O seninki / senin.

12.6 Rewrite the sentences. Schreibe um.
1. O benim kitabım.   *O benimki / benim.*
2. Bu senin kalemin.   _____
3. Şu onun çantası.   _____
4. Bu bizim dostumuz. _____
5. O sizin bilgisayarınız. _____
6. Bu onların evi.   _____
7. Bu sizin kitabınız _____
8. O benim sigaram.   _____

Lesson 13 : O bir doktor mu?
Verb 'to be' / Questions • das Verb ‚sein' / Fragen

Turkish	Your Language
Ben bir doktor **muyum?**	
Sen bir doktor**musun?**	
O bir doktor **mu(dur)?**	
Biz doktor **muyuz?**	
Siz doktor **musunuz?**	
Onlar doktor(lar) **mı?**	

mi / mı / mü / mu ist the question word in Turkish. It is not attached to the word.

mi / mı / mü / mu ist ein Fragepartikel. Er wird getrennt vom Wort geschrieben.

	After consonants	After vowels
a / ı	Ben apt<u>a</u>l **mıyım**? Sen apt<u>a</u>l **mısın**? O apt<u>a</u>l **mı**? Biz apt<u>a</u>l **mıyız**? Siz apt<u>a</u>l **mısınız**? Onlar apt<u>a</u>l **mı**?	Ben Kanadal<u>ı</u> **mıyım**? Sen Kanadal<u>ı</u> **mısın**? O Kanadal<u>ı</u> **mı**? Biz Kanadal<u>ı</u> **mıyız**? Siz Kanadal<u>ı</u> **mısınız**? Onlar Kanadal<u>ı</u> **mı**?
e / i	Ben g<u>e</u>nç **miyim**? Sen g<u>e</u>nç **misin**? O g<u>e</u>nç **mi**? Biz g<u>e</u>nç **miyiz**? Siz g<u>e</u>nç **misiniz**? Onlar g<u>e</u>nç **mi**?	Ben zeng<u>i</u>n **miyim**? Sen zeng<u>i</u>n **misin**? O zeng<u>i</u>n **mi**? Biz zeng<u>i</u>n **miyiz**? Siz zeng<u>i</u>n **misiniz**? Onlar zeng<u>i</u>n **mi**?
o / u	Ben dokt<u>o</u>r **muyum**? Sen dokt<u>o</u>r **musun**? O dokt<u>o</u>r **mu**? Biz dokt<u>o</u>r **muyuz**? Siz dokt<u>o</u>r **musunuz**? Onlar dokt<u>o</u>r **mu**?	Ben ces<u>u</u>r **muyum**? Sen ces<u>u</u>r **musun**? O ces<u>u</u>r **mu**? Biz ces<u>u</u>r **muyuz**? Siz ces<u>u</u>r **musunuz**? Onlar ces<u>u</u>r **mu**?
ö / ü	Ben şof<u>ö</u>r **müyüm**? Sen şof<u>ö</u>r **müsün**? O şof<u>ö</u>r **mü**? Biz şof<u>ö</u>r **müyüz**? Siz şof<u>ö</u>r **müsünüz**? Onlar şof<u>ö</u>r **mü**?	Ben dür<u>ü</u>st **müyüm**? Sen dür<u>ü</u>st **müsün**? O dür<u>ü</u>st **mü**? Biz dür<u>ü</u>st **müyüz**? Siz dür<u>ü</u>st **müsünüz**? Onlar dür<u>ü</u>st **mü**?

13.1 Fill in the blanks with "mi / mı / mü / mu". Fülle die Lücken mit „mi / mı / mü / mu".

1. O bir televizyon   *mu?*
2. O bir gözlük   _____
3. O bir sınıf   _____
4. O bir sekreter   _____
5. O bir üniversite   _____
6. O para   _____
7. O bir sözlük   _____
8. O bir saat   _____
9. O bir limon   _____
10. O bir elma   _____
11. O bir radyo   _____
12. O bir otobüs   _____
13. O bir çiçek   _____
14. O bir zarf   _____
15. O bir halı   _____
16. O bir ev   _____
17. O bir gül   _____
18. O bir ütü   _____
19. O bir çanta   _____
20. O bir hediye   _____

13.2 Make questions. Bilde Fragen.
1. sen / doktor   *Sen bir doktor musun?*
2. onlar / deli
3. o / öğrenci
4. siz / evli
5. biz / dost
6. siz / Ali
7. sen / okulda
8. adam / hasta
9. senin annen / evde
10. Kaan / aç
11. sen / ciddi
12. yemek / güzel
13. sen / bekar
14. bu / gerçek

Lesson 14 : O bir doktor değil.
Verb 'to be' / Negatives • das Verb ‚sein' / Verneinung

Turkish	Your Language
Ben bir doktor **değilim**.	
Sen bir doktor **değilsin**.	
O bir doktor **değil**.	
Biz doktor **değiliz**.	
Siz doktor **değilsiniz**.	
Onlar doktor **değiller**.	

değil is 'not' in Turkish.

değil bedeutet ‚nicht' im Türkischen.

14.1 Make negative sentences. Bilde verneinte Sätze.
1. sen / doktor   *Sen bir doktor değilsin.*
2. biz / aptal
3. o araba / ucuz
4. biz / evli
5. siz / zengin
6. onlar / kitap
7. Ali / evde
8. ben / öğrenci

9. sen / hasta _____
10. Hans / Çinli _____
11. o / güzel kız _____
12. benim babam / işte _____
13. sen / komik _____
14. bu çay / sıcak _____
15. biz / tatilde _____

14.2 Fill in the blanks with persons. Fülle die Lücken mit Personalpronomen.

1. *Ben* bir öğrenci değilim.
2. _____ güzel değilsin.
3. _____ bir öğretmen değil.
4. _____ bekar değiliz.
5. _____ evli değilim.
6. _____ yorgun değiliz.
7. _____ bir aktör değil.
8. _____ fakir değiller.
9. _____ arkadaş değilsiniz.
10. _____ Türk değilim.
11. _____ evde değiller.
12. _____ okulda değiliz.
13. _____ salak değilsin.
14. _____ benim değil.
15. _____ yakışıklı değil.
16. _____ özgür değilim.
17. _____ işte değil.
18. _____ işte değiliz.
19. _____ tatilde değiller.
20. _____ benim arkadaşım değilsin.

14.3 Make sentences. Bilde Sätze.

	Hayır	Evet
1. Julia Roberts	bir aktör	bir aktris
2. Topkapı	bir cami	bir müze
3. İstanbul	bir ülke	bir şehir
4. Ronaldo	bir basketbolcu	bir futbolcu
5. Penguen	bir balık	bir kuş
6. muz	bir sebze	bir meyve

1. *Julia Roberts bir aktör değil. O bir aktris.*
2. _____
3. _____
4. _____
5. _____
6. _____

Lesson 15 : O bir doktor mu? Evet, bir doktor.
Verb 'to be' / Questions • das Verb ‚sein' / Fragen

Turkish	Your Language
O bir doktor.	
O bir doktor **mu?**	
Evet, (o bir) **doktor.**	
Hayır, değil.	
Sen bir doktorsun.	
Sen bir doktor **musun?**	
Evet, (ben bir) **doktorum.**	
Hayır, (ben bir doktor) **değilim.**	

The object is repeated to answer yes / no questions.

Im Türkischen antwortet man im ganzen Satz auf ja/nein-Fragen.

15.1 Give true answers. Antworte wahrheitsgetreu.
1. Sen evli misin?
2. Sen bir doktor musun?
3. Sen iyi misin?
4. Sen öğrenci misin?
5. Sen İstanbul'da mısın?
6. Sen işte misin?
7. Sen Rus musun?
8. Sen işte misin?
9. Sen hasta mısın?
10. Sen aç mısın?

15.2 Ask and answer. Frage und antworte.
1. o / kuaför (+)   *O bir kuaför mü? Evet, kuaför.*
2. siz / öğrenci (-)
3. sen / aptal (-)
4. Ayşe / evli (+)
5. öğretmen / iyi (-)
6. siz / evli (-)
7. bu araba / ucuz (+)

8. sen / bekar (+) _____
9. o / Türk (-) _____
10. bu / senin kitabın (-) _____
11. Brad Pitt / aktör (+) _____
12. Türkçe / zor dil (+) _____
13. İngilizce / zor (+) _____
14. sen / Çinli (+) _____
15. bu / son soru (-) _____

Lesson 16 : O ne?
Wh- Questions • W- Fragen

Turkish		Your Language
Ali **benim öğrencim**.	Ali **kim**?	
Ford **bir araba**.	Ford **ne**?	
İstanbul **Türkiye'de**.	İstanbul **nerede**?	
Maç **Cuma günü**.	Maç **ne zaman**?	
Sigara **1 milyon TL**.	Sigara **kaç para**?	
Murat **20 yaşında**.	Murat **kaç yaşında**?	

Answes are replaced with the wh- questions. Anstelle der Antwort wird einfach das Fragewort gesetzt.

16.1 Answer the questions. Anworte auf die Fragen.
1. O nerede? (ev)   *O evde.*
2. Sınav ne zaman? (yarın)   _____
3. O kaç para? (bir milyon) _____
4. Ali kaç yaşında? (yirmi) _____
5. Bu nedir? (araba)   _____
6. O kim? (benim amcam)   _____

16.2 Make questions. Bilde Fragen.
1. Ümit **onun babası**. *Ümit kim?*
2. Ders **Salı günü**. _____
3. O şimdi **evde**. _____
4. Konser **bu akşam**. _____
5. Berna **yirmi beş yaşında**. _____
6. Londra **İngiltere'de**. _____
7. Biz **İstanbul'da**yız. _____
8. Ekmek **1 YTL**. _____
9. Rakı **bir içki**. _____
10. Ben **Paris'te**yim. _____
11. Parti **yarın**. _____
12. Douglas **benim amcam**. _____
13. Futbol **bir spor**dur. _____
14. O çocuk **benim kardeşim**. _____
15. Jaguar **hızlı** bir arabadır. _____

Lesson 17 : Sen benim arkadaşımsın.
Possessives & Verb to be • Besitzanzeige & das Verb ‚sein'

Turkish	Your Language
Benim arkadaşım.	
O **benim arkadaşım**.	
Sen **benim arkadaşım**sın.	
Siz **benim arkadaşım**sınız.	

Turkish	Your Language
Senin arkadaşım.	
Ben **senin arkadaşın**ım.	
Biz **senin arkadaşın**ız.	

17.1 Make negative sentences. Bilde verneinte Sätze.
1. o / ben / ev *O benim evim değil.*
2. sen / o / arkadaş
3. ben / sen / öğretmen
4. biz / sen / dost
5. onlar / biz / öğrenci
6. siz / biz / komşu
7. sen / ben / baba
8. o / sen / anne
9. onlar / siz / arkadaş
10. ben / onun / köle

17.2 Make questions. Bilde Fragen.
1. ben / sen / köle *Ben senin kölen miyim?*
2. o / siz / işçi
3. biz / siz / dost
4. o / sen / karı
5. sen / ben / koca
6. onlar / siz / komşu
7. siz / onlar / öğretmen
8. biz / onlar / misafir
9. onlar / biz / konuk
10. sen / bizim / yardımcı

17.3 Make affirmative sentences. Bilde bejahende Sätze.
1. sen / o / arkadaş *Sen onun arkadaşısın.*
2. ben / sen / anne
3. o / biz / öğretmen
4. siz / ben / çocuklar
5. biz / onlar / işçi
6. onlar / ben / komşu
7. siz / o / kızlar
8. ben / sizin / baba
9. o / ben / dost
10. biz / siz / akraba

Lesson 18 : Benim bir arabam var.
have • haben

Turkish	Your Language
Benim bir araba**m** var.	
Senin bir araba**n** var.	
Onun bir araba**sı** var.	
Bizim bir araba**mız** var.	
Sizin bir araba**nız** var.	
Onların bir arabası var.	

var is both 'there is' and 'have'. It is used with possessives like **benim**, **senin**, **onun**...

var bedeutet 'es gibt' und 'haben'. Es wird mit besitzanzeigenden Fürwörtern wie **benim, senin, onun**... verwendet.

Turkish	Your Language
Onun **bir** arabası var.	
Onun araba**ları** var.	
Onun **bir** evi var.	
Onun ev**leri** var.	

18.1 Make sentences. Bilde Sätze.

1. biz / ev — *Bizim bir evimiz var.*
2. o / kardeş
3. ben / araba
4. sen / aile
5. o / para
6. sen / sigara
7. onlar / problemler
8. siz / öğretmen
9. ben / kitaplar
10. o / kalemler
11. sen / kız kardeş
12. ben / iş
13. biz / bahçe
14. ben / karı

Turkish	Your Language
Benim bir araba**m** yok. **Senin** bir araba**n** yok. **Onun** bir araba**sı** yok. **Bizim** bir araba**mız** yok. **Sizin** bir araba**nız** yok. **Onların** bir araba**sı** yok.	

yok is 'there isn't' and 'don't have'.

yok bedeutet ‚es gibt nicht' und ‚nicht haben'.

18.2 Rewrite with "yok". Schreibe mit „yok".
1. Onun bir evi var. *Onun bir evi yok.*
2. Benim çok problemim var. _____
3. Bizim paramız var. _____
4. Onun iki erkek kardeşi var. _____
5. Onların bir arabası var. _____
6. Senin bir arkadaşın var. _____
7. Onların bir evi var. _____
8. Benim bugün dersim var. _____
9. Senin bari garajın var. _____
10. Benim kitaplarım var. _____

Turkish	Your Language
Benim bir araba**m** var mı? **Senin** bir araba**n** var mı? **Onun** bir araba**sı** var mı? **Bizim** bir araba**mız** var mı? **Sizin** bir araba**nız** var mı? **Onların** bir araba**sı** var mı? Senin bir araban **var mı**? Evet, **var**. / Hayır, **yok**.	

var mı? is 'Is there?' and 'Do … have?'

var mı? ist gleichzeitig ‚gibt es?' und die Frage, ob jemand etwas hat.

18.3 Ask and answer. Frage und antworte.
1. sen / sigara (+)   *Senin bir sigaran var mı? Evet, var.*
2. ev / ekmek (+)
3. o / kız arkadaş (-)
4. çanta / kitap (+)
5. sen / fazla kalem (-)
6. dolap / peynir (+)
7. sofra / ekmek (+)
8. o / para (-)
9. sen / gazete (+)
10. o / bilet (-)
11. çekmece / dosya (+)
12. biz / çay (+)
13. ofis / bilgisayar (-)
14. kutu / şeker (+)
15. torba / bir şey (-)

Turkish	Your Language
Kimin?	
Bu kimin arabası?	
Onun arabası.	

kimin is 'whose'.

kimin bedeutet „wessen".

18.4 Build questions and answer. Bilde Fragen und antworte.
1. bu / kim / araba / o   *Bu kimin arabası? Onun arabası.*
2. o / kim / kardeş / onlar
3. bu / kim / ev / biz
4. bu / kim / Türkçe kitap / ben
5. bu / kim / televizyon / o
6. bu / kim / bilet / onlar
7. bu / kim / bilgisayar / biz
8. bu / kim / köpek / biz
9. o / kim / arkadaş / ben
10. o / kim / öğrenci / o

Lesson 19 : Kaç tane / ne kadar? Çok.
Quantity • Quantität

Turkish	Your Language
Kaç (tane) kitap var?	
Senin kaç (tane) kitabın var?	
Ne kadar süt var?	
Senin ne kadar sütün var?	
Ne kadar?	
Kaç para?	

kaç (tane) and **ne kadar** are used for quantity.

kaç (tane) und **ne kadar** drückt Quantität aus.

19.1 Make questions with "Kaç tane" and "Ne kadar". Bilde Fragen.

1. süt *Ne kadar süt?*
2. gazete _____
3. bira _____
4. sigara _____
5. rakı _____
6. ekmek _____
7. tereyağı _____
8. yağ _____
9. şeker _____
10. elma _____
11. ev _____
12. araba _____
13. muz _____
14. ayakkabı _____
15. sözlük _____
16. şarap _____
17. su _____
18. sandalye _____
19. kitap _____
20. reçel _____

Turkish	Your Language
Kutuda kaç (tane) kalem var?	
Onun kaç (tane) kalemi var?	

19.2 Make questions. Bilde Fragen.

1. sen / kitap   *Senin kaç (tane) kitabın var?*
2. dolap / şişe   _____
3. o / para   _____

4. çanta / defter
5. siz / çocuk
6. onlar / ev
7. şişe / su
8. sınıf / öğrenci
9. cüzdan / para
10. tabak / yemek

Turkish	Your Language
Çok büyük	
Çok para	
Çok kitap	
fazla para	
fazla kitap	
fazla / **çok** genç	

çok is used both with adjectives as 'very' (büyük, küçük, güzel ...) and nouns as 'a lot of / much / many' (masa, elma, araba...)

çok wird gleichzeitig vor Adjektiven als ‚sehr' (gross, klein, schön) und vor Substantiven als ‚sehr viel, sehr viele' benutzt.

fazla means both 'extra' and 'too' and is used both with adjectives (büyük, küçük, güzel ...) and nouns (masa, elma, araba...). It's a negative word.

fazla bedeutet gleichzeitig ‚extra' und ‚zu' (viel) und wird mit Adjektiven (gross, klein, schön) und Substantiven (Tisch, Apfel, Auto) verwendet. Es ist ein negatives Wort.

19.3 Answer the questions with "çok". Beantworte die Fragen mit „çok".
1. Senin kaç tane şapkan var? *Benim çok şapkam var.*
2. Onun ne kadar parası var?
3. Dolapta ne kadar peynir var?
4. Bizim ne kadar paramız var?
5. Kasada ne kadar para var?
6. Torbada kaç tane elma var?
7. Kavanozda ne kadar un var?
8. Çayın içinde ne kadar şeker var?
9. Sınıfta kaç tane öğrenci var?
10. Rafta kaç tane tabak var?

Lesson 20 : Banka nerede? Sinemanın karşısında.
Saying where things are. • Sagen, wo sich Dinge befinden.

Turkish	Your Language
İç Kalem çantanın **içinde**.	
Alt Kalem kitabın **altında**.	
Üst Kalem kitabın **üstünde**.	
Karşı Banka sinemanın **karşısında**.	
Yan Park okulun **yanında**.	
Ön Araba evin **önünde**.	
Arka Bahçe evin **arkasında**.	
Ara Sinema okul **ile** parkın **arasında**.	

These words are used with possessive suffix - **(n)in / (n)ın / (n)un / (n)ün**.

Ortsangaben werden durch das Anfügen von –**(n)in / (n)ın / (n) nun / (n)ün** gebildet.

Turkish	Your Language
Kalem çanta**nın içinde**.	
Kalem kitab**ın altında**.	
Kalem kitab**ın üstünde**.	
Banka sinema**nın karşısında**.	
Park okul**un yanında**.	
Araba ev**in önünde**.	
Bahçe ev**in arkasında**.	
Sinema okul **ile** parkın **arasında**.	

Turkish		Turkish	
bakkal	bakkalın	Araba	arabanın
ev	evin	Kanepe	kanepenin
ahır	ahırın	Kapı	kapının
iş	işin	Çiçekçi	çiçekçinin
okul	okulun	Uyku	uykunun
sümbül	sümbülün	Öykü	öykünün
televizyon	televizyonun	Kablo	kablonun
göl	gölün	Malmö	Malmö'nün
kitap	kitabın		
ağaç	ağacın		

20.1 Where? Make sentences. Wo? Bilde Sätze.

1. masa / üstünde   *masanın üstünde*
2. araba / altında   _____
3. kanepe / arkasında   _____
4. oda / içinde   _____
5. sehpa / altında   _____
6. bakkal / yanında   _____
7. okul / önünde   _____
8. sinema / karşısında   _____
9. kitap / altında   _____
10. garaj / arkasında   _____
11. banka / yanında   _____
12. televizyon / üstünde   _____

13. market / çiçekçi / arasında
14. koltuk / altında
15. çanta / içinde

20.2 Ask and answer. Frage und antworte.
1. araba / banka / ön   *Araba nerede? Araba bankanın önünde.*
2. çocuk / oda / iç
3. tabak / masa / üst
4. okul / sinema / yan
5. park / lokanta / karşı
6. kalem / kitap / iç
7. durak / park / okul / ara
8. çanta / masa / arka
9. köpek / ev / arka
10. dergi / koltuk / alt
11. kedi / şömine / ön
12. bardak / tabak / yan
13. paket / dolap / iç
14. çakmak / paket / üst
15. CD / kitap / alt

Lesson 21 : ile / hakkında / için
With / by & About & For • mit & über & für

Turkish	Your Language
Ali **hakkında**	
futbol **hakkında**	
benim hakkımda	
senin hakkında	
onun hakkında	
bizim hakkımızda	
sizin hakkınızda	
onların hakkında	

hakkında means 'about' and 'related'.

hakkında bedeutet ‚über'.

21.1 Answer the questions. Antworte auf die Fragen.
1. Kimin hakkında? (ben)   *Benim hakkımda.*
2. Kimin hakkında? (adam) _____
3. Kimin hakkında? (siz) _____
4. Kimin hakkında? (Ebru) _____
5. Kimin hakkında? (o) _____
6. Kimin hakkında? (kadın) _____
7. Kimin hakkında? (biz) _____
8. Kimin hakkında? (öğretmen) _____
9. Kimin hakkında? (çocuk) _____
10. Kimin hakkında? (bu adam) _____

Turkish	Your Language
Ali **için**	
öğrenciler **için**	
benim için	
senin için	
onun için	
bizim için	
sizin için	
onlar için	

için means 'for'.
için bedeutet „für".

21.2 Answer the questions. Beantworte die Fragen.
1. Kim için? (onun / arkadaş)   *Onun arkadaşı için.*
2. Kim için? (ben) _____
3. Kim için? (siz) _____
4. Kim için? (Ebru) _____
5. Kim için? (o) _____
6. Kim için? (benim / teyze) _____

Turkish	Your language
araba **ile**	
kelimeler **ile**	
arab**ayla**	
kelimeler**le**	

ile means 'with' and 'by'.
ile bedeutet „mit".

Turkish	Your Language
Ney**le** (Ne ile)?	
tre**nle**	
uça**kla**	
ada**mla**	
Kim**le** (Kim ile)?	
beni**mle**	
seni**nle**	
onu**nla**	
bizi**mle**	
sizi**nle**	
onlar**la**	

You can use **ile** as a separate word or can attach to the word as a suffix (– **le** / **la**). If the word ends with a vowel then it becomes – **yle** / **yla**.

ile kann man als alleinstehendes Wort benutzen oder als Suffix (**-le / la**) an Substantive und Pronomen fügen. Wenn ein Wort mit einem Vokal endet, fügt man **–yle / yla** an.

21.3 Rewrite with "ile". Benutze „ile".

1. adam   *adam ile / adamla*
2. kadın
3. uçak
4. Oya
5. bıçak
6. anahtar
7. kalem
8. tren
9. çek
10. ütü
11. çakmak
12. Ali
13. silah
14. sigara
15. bisiklet
16. bomba
17. kağıt
18. gazete
19. Ahmet
20. at

21.4 Answer the questions. Beantworte die Fragen.

1. Kimle? (benim / arkadaş)   *Benim arkadaşımla / ile.*
2. Kimle? (ben)
3. Neyle? (vapur)
4. Kimle? (siz)
5. Kimle? (Ebru)
6. Neyle? (uçak)
7. Kimle? (o)
8. Kimle? (onun / teyze)

Turkish	Your Language
Ahmet **ile** Mehmet	
ekmek **ile** peynir	

ile is also used as **ve** (and).

ile wird auch als **ve** (und) verwendet.

Lesson 22 : Ali Ayşe'den daha büyük.
Comparison • Vergleich

Turkish	Your Language
Ali büyük.	
Ali **daha** büyük.	
Ali Ayşe'**den daha** büyük.	

daha means 'more'. It is used with– **den / dan** (**ten / tan**).

daha bedeutet ‚mehr'. Es wird mit **–den / dan** (**ten / tan**) verwendet.

22.1 Rewrite with "daha". Benutze „daha".

güçlü	*daha güçlü*	akıllı	
iyi		uzak	
ağır		kötü	
ince		taze	
zayıf		bayat	
kısa		soğuk	
rahat		eski	
pahalı		yaşlı	
sıkıcı		genç	
tatlı		önemli	
zeki		sıcak	

22.2 Fill in the blanks with "- den / dan (-ten / tan) daha". Fülle die Lücken.

1. Matematik Türkçe'*den* daha sıkıcı.
2. Onun arabası benim arabam _____ daha yavaş.
3. Bizim evimiz sizin eviniz_____ daha küçük.
4. Konya İstanbul_____ daha büyük.
5. Bu ev o ev_____ daha eski.
6. Adam kadın_____ daha yaşlı.

7. Cihan Mert _____ daha genç.
8. Benim babam annem_____ daha yaşlı.
9. Portakal limon_____ daha tatlı.
10. Selda Buket _____ daha zeki.
11. Aşk para_____ daha önemli.
12. Futbol tenis_____ daha popüler.
13. Türkçe İngilizce _____ daha zor.
14. Ekmek pide_____ daha ucuz.
15. Yaz kış_____ daha sıcak.

22.3 Make sentences. Bilde Sätze.
1. Altuğ / Fazlı / genç   *Altuğ Fazlı'dan daha genç.*
2. bu oda / benim odam / büyük
3. bu araba / o araba / eski
4. bu bavul / o kutular / ağır
5. o çocuk / bu çocuk / şişman
6. uçaklar / trenler / hızlı
7. Eylül / Ekim / ılık
8. şeker / tuz / pahalı
9. Adam / kadın / uzun
10. Gül / Yasemin / kısa
11. bu şapka / o şapka / yeni
12. Türkçe / İngilizce / zor
13. ben / sen / yakışıklı
14. benim babam / senin baban / güçlü
15. Fenerbahçe / Galatasaray / büyük

Turkish	Your Language
Ali büyük.	
Ali **daha** büyük.	
Ali Ayşe'**den çok daha** büyük.	

22.4 Fill in the blanks. Fülle die Lücken.
1. Şener Şen komik, ama Kemal Sunal *çok daha komik.*
2. Senin köpeğin akıllı, ama benim köpeğim _____.
3. Serdar güçlü, ama Şener _____.
4. Cihan esmer, ama Yıldız _____.
5. İçki zararlı, ama sigara _____.
6. Salim'in odası büyük, ama benim odam _____.
7. Kartal mutlu, ama Deniz _____.

8. Benim ayakkabım eski, ama senin ayakkabın _____.
9. Senin araban hızlı, ama Ali'nin arabası _____.
10. İngilizce zor, ama Türkçe _____.

Turkish	Your Language
Ali **benden** daha çalışkan.	
Ali **senden** daha çalışkan.	
Ali **ondan** daha çalışkan.	
Ali **bizden** daha çalışkan.	
Ali **sizden** daha çalışkan.	
Ali **onlardan** daha çalışkan.	
O çanta **bundan** daha ağır.	
O çanta **şundan** daha ağır.	

22.5 Make sentences. Bilde Sätze.
1. Seda / biz / uzun — *Seda bizden daha uzun.*
2. Derya / sen / zeki
3. Ercan / ben / yaşlı
4. Orhan / o / çalışkan
5. Emre / siz / kısa
6. o araba / bu / hızlı
7. Kaya / o / güçlü
8. Ceren / sen / akıllı
9. Berna / o / güzel
10. bu ev / şu / ucuz

Lesson 23 : Türkçe en kolay dil.
Superlative • Superlativ

Turkish	Your Language
Ali 20 yaşında.	
Ayşe 18 yaşında.	
Ahmet 16 yaşında.	
Ali **en yaşlı**.	

en means 'the most'.
en ist die Meist- oder Höchststufe.

23.1 Rewrite with "en". Benutze „en".

güçlü	*en güçlü*	zeki	
iyi		akıllı	
ağır		uzak	
ince		kötü	
zayıf		taze	
kısa		bayat	
rahat		soğuk	
çalışkan		eski	
pahalı		yaşlı	
sıkıcı		genç	
güzel		önemli	
tatlı		sıcak	

23.2 Make sentences. Bilde Sätze.

1. Ali / zayıf — *Ali en zayıf.*
2. benim annem / güzel
3. Olcay / konuşkan
4. Meral / akıllı
5. Deniz / çalışkan
6. Banu / uzun
7. Orhan / zeki
8. Derya / çekici
9. Ben / büyük
10. Osman / güçlü

23.3 Make sentences. Bilde Sätze.
1. güçlü / benim babam   *En güçlü benim babam.*
2. hızlı / Ferrari
3. güzel / Yeşim
4. büyük / fil
5. uzak / Avustralya
6. ağır / Hasan
7. soğuk / kış
8. sıcak / yaz
9. rahat / benim evim
10. kolay / Türkçe

23.4 Make sentences. Bilde Sätze.
1. Tuna / akıllı öğrenci   *Tuna en akıllı öğrenci.*
2. Ferrari / hızlı araba
3. Türkçe / zor dil
4. Lale / güzel kız
5. Hakan / güçlü adam
6. Biz / iyi takım
7. Bu / sıcak ay
8. O / pahalı araba
9. Kış / soğuk mevsim
10. Elma / tatlı meyve

Lesson 24 : Türkçe İngilizce kadar kolay.
As... as • genauso... wie

Turkish	Your Language
Ali çalışkan.	
Ayşe **de** çalışkan.	
Ali Ayşe **kadar** çalışkan.	

kadar means 'as... as'.
kadar bedeutet ‚genauso... wie'.

24.1 Make sentences. Bilde Sätze.
1. Orhan / Teoman / şişman   *Orhan Teoman kadar şişman.*
2. Deniz / Derya / zeki
3. Berna / Sema / genç
4. Portakal / mandalina / tatlı
5. Ferrari / Jaguar / pahalı
6. Ayhan / Mert / çalışkan
7. Murat / Burak / zayıf
8. Ahmet / Adem / uzun
9. Kerem / Aynur / tembel
10. Can / Tolga / cimri
11. Burak / Tamer / popüler
12. İskender / köfte / lezzetli
13. o / aslan / güçlü
14. Ahmet / keçi / inatçı

24.2 Combine the sentences. Verbinde die Sätze.
1. Benim arabam yeni. Senin araban da yeni.
   Senin araban benim arabam kadar yeni.
2. Benim işim ilginç. Onun işi de ilginç.

3. İstanbul modern. Ankara da modern.

4. Bu sandalye rahat. O sandalye de rahat.

5. Benim Türkçe'm iyi. Ali'nin Türkçe'si de iyi.

6. Onun odası düzenli. Benim odam da düzenli.

7. Yeşim güzel. Tülin de güzel.

8. Bu kitap pahalı. O kitap da pahalı.

9. Ferrari hızlı. Jaguar da hızlı.

10. Benim babam yaşlı. Benim annem de yaşlı.

Turkish	Your language
Ali **benim** kadar çalışkan.	
Ali **senin** kadar çalışkan.	
Ali **onun** kadar çalışkan.	
Ali **bizim** kadar çalışkan.	
Ali **sizin** kadar çalışkan.	
Ali **onlar** kadar çalışkan.	

Turkish	Your language
O çanta ağır.	
Bu çanta da ağır.	
O çanta **bunun** kadar ağır.	
O çanta **şunun** kadar ağır.	

24.3 Make sentences. Bilde Sätze.
1. Orhan / ben / şişman değil   *Orhan benim kadar şişman değil.*
2. Deniz / sen / zeki
3. Berna / bizim / genç değil
4. Ayhan / onlar / çalışkan
5. Murat / siz / zayıf
6. Ahmet / ben / uzun
7. Kerem / o / tembel değil
8. Can / sen / cimri
9. Burak / o / popüler değil
10. Ahmet / ben / inatçı

Lesson 25 : O şu anda Türkiye'de Türkçe öğreniyor.
Word Order • Satzordnung

WHO? WER?	When? Wann?	Where? Wo?	WHAT? WAS?	ACTION AKTION
O	şu anda	Türkiye'de	Türkçe	öğreniyor.

25.1 Rewrite to make sentences. Bilde Sätze.

1. (nerede) istasyon'da – (eylem) bekliyor – (ne) tren – (kim) Gülay

2. (kim) ben ve benim Biz şimdi barda bira içiyoruz. A rkadaşım – (eylem) içiyoruz – (nerede) kantin'de – (ne) çay

3. (eylem) gidiyoruz – (kim) Orhan ve ben – (nerede) Antalya'ya – (ne zaman) Salı günü

4. (ne) bir film – (nerede) televizyonda – (eylem) var – (ne zaman) bu akşam

5. (ne) gitmek – (nerede) okula – (ne zaman) bugün – (kim) Ben – (eylem) istemiyorum

6. (kim) Selin ve Can – (ne zaman) sabah – (eylem) yapıyorlar – (nerede) evde – (ne) kahvaltı

7. (ne) futbol – (ne zaman) öğleden sonra – (eylem) oynuyor – (nerede) bahçede – (kim) Çocuk

8. (eylem) içiyoruz – (kim) Biz – (nerede) barda – (ne) bira – (ne zaman) şimdi

9. (ne) ders – (eylem) yapıyorum – (nerede) benim odamda – (kim) Ben

10. (ne zaman) bu akşam – (kim) Aysun – (nerede) evde – (ne) bir parti – (eylem) veriyor

Lesson 26 : Televizyon izle. Televizyon izleme.
Commands • Befehlsform, Imperativ

Turkish	Your Language	Turkish	Your Language
yapmak Yap!		Y<u>apın</u>!	
gelmek Gel!		Ge<u>lin</u>!	
taşımak Taşı!		Taşı<u>yın</u>!	
içmek İç!		İ<u>çin</u>!	
uyumak Uyu!		Uyu<u>yun</u>!	
gülmek Gül!		Gü<u>lün</u>!	
koşmak Koş!		Ko<u>şun</u>!	
ölmek Öl!		Ö<u>lün</u>!	

When giving an order, you drop – mek / mak suffixes.

Bei Befehlen wird einfach die Infinitivendung –mek / mak weggelassen.

You can also give a command for siz. It makes the command <u>plural</u> (you two) and formal.

Auch der Befehl im Plural (ihr, formal) ist möglich.

26.1 Give commands. Bilde den Imperativ.

almak	Al. / Alın.	çalışmak	
etmek		düşünmek	
anlamak		götürmek	
başlamak		konuşmak	
bakmak		okumak	
bilmek		ödemek	
bulmak		uyumak	
dönmek		yemek	

Turkish	Your Language	Turkish	Your Language
yapmak Y**apma**!		Y**apmayın**!	
gelmek G**elme**!		G**elmeyin**!	
taşımak Taş**ıma**!		Taş**ımayın**!	
içmek İç**me**!		İç**meyin**!	
uyumak Uy**uma**!		Uy**umayın**!	
Gülmek Gü**lme**!		Gü**lmeyin**!	
Koşmak Ko**şma**!		Ko**şmayın**!	
ölmek Ö**lme**!		Ö**lmeyin**!	

When giving a negative command, you drop – k. Bei einem negativen Befehl (tu nicht) wird einfach das **–k** weggelassen.

26.2 Give negative commands. Bilde den Imperativ.

almak	*Alma. / Almayın.*	çalışmak	
etmek		düşünmek	
anlamak		götürmek	
başlamak		konuşmak	
bakmak		okumak	
bilmek		ödemek	
bulmak		uyumak	
dönmek		yemek	

26.3 Make commands. Bilde den Imperativ.

1. gürültü yapmamak — *Gürültü yapma.*
2. hızlı koşmak — *Hızlı koş.*
3. sigara içmemek
4. kitap okumak
5. yardım istemek
6. beni öpmek
7. çok konuşmamak
8. çabuk oynamak
9. mektup yazmak
10. televizyon izlemek
11. buraya gelmek
12. burada beklemek
13. beni dinlemek
14. çok yemek yememek
15. ekmek almak
16. yavaş yürümek
17. bunu yapmamak
18. yavaş sürmek
19. eve gelmek
20. oraya oturmamak
21. okula gitmek
22. e-posta göndermek
23. selam söylemek
24. içeri girmek
25. sessiz olmak

Lesson 27 : Bir film izle. Filmi izle.
Definite, indefinite object • direktes, indirektes Objekt

Turkish	Your Language
Ben **bir** kalem istiyorum.	
Ben kalem**i** istiyorum.	

Turkish	Your Language
Bir kalem al.	
Kalem**i** al.	
Bir kahve iç.	
Kahve**yi** iç.	
Beyaz bir bluz giy.	
Beyaz bluz**u** giy.	
Bir film izle.	
Film**i** izle.	

bir is used for indefinite objects. If the object is definite, then you use –(y) i / ı / ü / u.

bir wird bei indirekten Objekten benutzt. Ist das Objekt direkt wird –(y) i / ı / ü / u angehangen.

27.1 Answer the questions. Beantworte die Fragen.
1. Sen ne istiyorsun? (kalem)   *Ben bir kalem istiyorum.*
2. Sen ne istiyorsun? (elma)   _____
3. Sen ne istiyorsun? (ekmek)   _____
4. Sen ne istiyorsun? (sigara)   _____
5. Sen ne istiyorsun? (defter)   _____
6. Sen ne istiyorsun? (çakmak)   _____
7. Sen ne istiyorsun? (muz)   _____
8. Sen ne istiyorsun? (çanta)   _____
9. Sen ne istiyorsun? (bıçak)   _____
10. Sen ne istiyorsun? (radyo)   _____

Turkish	Your Language
ev**i**	
ip**i**	
göl**ü**	
gül**ü**	

If the last vowel is – e / i / ö / ü the suffix is – (y) i / ü.
If the last letter is a vowel you use (y).

Ist der letzte Vokal im Wort –e / i / ö / ü, dann wird das Suffix –(y) i / ü angehangen. Ist der letzte Buchstabe ein Vokal fügt man (y) ein.

Turkish	
kita**p**	kita**b**ı
ağa**ç**	ağa**c**ı
tara**k**	tara**ğ**ı
ta**t**	ta**d**ı

If the last letter is – **p / ç / k / t** these letters become– **b / c / ğ / d**.
Sind die letzten Buchstabe –p / ç / k / t, dann wandeln sich diese in –**b / c / ğ / d**.

27.2 Rewrite with "– (y) i / ü". Benutze „- (y) i / ü".

1. kalem   *kalemi*
2. ev
3. ütü
4. ekmek
5. kilim
6. göl
7. defter
8. film

Turkish	Your Language
ad**a**mı	
kad**ı**nı	
losy**o**nu	
oy**u**nu	

If the last vowel is – **a / ı / o / u** the suffix is
– **(y) ı / u**. If the last letter is a vowel you use **(y)**.

Ist der letzte Vokal ein –**a / ı / o / u**, dann wird das Suffix –
(y) ı / u angehangen. Ist der letzte Buchstabe ein Vokal fügt man **(y)** ein.

27.3 Rewrite with "– (y) ı / u". Benutze „- (y) ı / u".

1. adam   *adamı*
2. kitap
3. elma
4. bıçak
5. karpuz
6. televizyon
7. radyo
8. bilgisayar

Turkish	Your Language
Kitap eski.	
Adam sarhoş.	
Film ilginç.	
Öğrenciler çalışkan.	

If the word is the subject of the sentences, you don't use - **i**...

Ist das Wort Subjekt des Satzes, wird kein Suffix angehangen.

27.4 Rewrite with "– (y) i / ı / ü / u". Benutze „- (y) i / ı/ ü / u".

1. elma   *elmayı*
2. tabak
3. sigara
4. koltuk
5. kalem
11. çocuk
12. adam
13. araba
14. kadın
15. çakmak

6. paket _____   16. masa _____
7. bardak _____   17. şarkı _____
8. şişe _____   18. uçak _____
9. teyp _____   19. arkadaş _____
10. bilgisayar _____ 20. telefon _____

27.5 Make sentences. Bilde Sätze.
1. elma / soymak   *Elmayı soy.*
2. tabak / vermek   _____
3. sigara / içmek   _____
4. kalem / almak   _____
5. şarkı / dinlemek   _____
6. şişe / açmak   _____
7. bilgisayar / tamir etmek _____
8. araba / yıkamak   _____
9. masa / temizlemek   _____
10. yemek / yemek   _____

27.6 Answer the questions. Antworte auf die Fragen.
1. Sen ne istiyorsun? (kalem)   *Ben kalemi istiyorum.*
2. Sen ne istiyorsun? (elma)   _____
3. Sen ne istiyorsun? (ekmek)   _____
4. Sen ne istiyorsun? (sigara) _____
5. Sen ne istiyorsun? (defter) _____
6. Sen ne istiyorsun? (çakmak) _____
7. Sen ne istiyorsun? (muz)   _____
8. Sen ne istiyorsun? (çanta)   _____
9. Sen ne istiyorsun? (bıçak)   _____
10. Sen ne istiyorsun? (radyo) _____

Lesson 28 : O film izliyor.
Present Continuous Tense / Affirmative • Präsens / Bejahung

Turkish	Your Language
O film izl**i**yor.	
O film izl**i**yor **mu**?	
O film izle**mi**yor.	

– **yor** – is the suffix used for present tenses in Turkish. If the verb ends with a consonant, the suffix becomes – **iyor / ıyor / üyor / uyor**.

-yor ist das Suffix für das Präsens. Endet das Verb mit einem Konsonanten, ist das Suffix –iyor / ıyor / üyor / uyor.

Turkish	Your Language	Turkish	Your Language
geliyor		kalıyor	
içiyor		çıkıyor	
dövüyor		doğuyor	
gülüyor		buluyor	
uyuyor			

28.1 Rewrite the verbs with appropriate suffixes. Füge an das Verb das richtige Suffix.

1. almak — *O alıyor.*
2. etmek
3. anlamak
4. başlamak
5. bakmak
6. bilmek
7. bulmak
8. dönmek
9. çalışmak
10. düşünmek
11. konuşmak
12. okumak
13. ödemek
14. uyumak
15. yemek

28.2 Make sentences. Bilde Sätze.
1. o / şarkı söylemek   *O şarkı söylüyor.*
2. o / dans etmek
3. o / yemek yemek
4. o / ders çalışmak
5. o / tenis oynamak
6. o / müzik dinlemek
7. o / araba sürmek
8. o / çay içmek
9. o / kahvaltı yapmak
10. o / Türkçe öğrenmek
11. o / kitap okumak
12. o / yazı yazmak
13. o / soru sormak
14. o / kahve istemek
15. o / yemek pişirmek

Turkish	Your Language
Ben film izliyor**um**.	
Sen film izliyor**sun**.	
O film izliyor.	

Personal suffixes never change, because the last vowel is always (**o**).

Das persönliche Suffix ändert sich nie, da der letzte Vokal im Wort immer (**o**) ist.

28.3 Rewrite the verbs with appropriate suffixes. Hänge das richtige Suffix an.

(ben) almak *Ben alıyorum.*   (o) çalışmak
(sen) etmek   (ben) düşünmek
(o) anlamak   (sen) götürmek
(ben) başlamak   (o) konuşmak
(sen) bakmak   (ben) okumak
(o) bilmek   (sen) ödemek
(ben) bulmak   (o) uyumak
(sen) dönmek   (ben) yemek

28.4 Fill in the blanks with persons. Fülle die Lücken mit Personalpronomen.

1. *Ben*   yemek yapıyorum.
2. _____ film izliyor.
3. _____ radyo dinliyorsun.
4. _____ çay içiyor.
5. _____ işe gidiyorum.
6. _____ sigara içiyorsun.
7. _____ ders çalışıyorum.
8. _____ uyuyor.
9. _____ ödev yapıyor.
10. _____ futbol oynuyorum.

28.5 Make sentences. Bilde Sätze.
1. sen / Türkçe öğrenmek   *Sen Türkçe öğreniyorsun.*
2. Serap / Pelin ile konuşmak
3. ben / ders çalışmak
4. o / bulaşık yıkamak
5. ben / yemek yapmak
6. Ali / ödev yapmak
7. sen / gürültü yapmak
8. ben / kitap yazmak
9. o / yüzmek
10. ben / Türkçe öğrenmek

Lesson 29 : Biz film izliyoruz.
Present Continuous Tense / Affirmative • Präsens / Bejahung

Turkish	Your Language
Ben film izliyor**um**.	
Sen film izliyor**sun**.	
O film izliyor.	
Biz film izliyor**uz**.	
Siz film izliyor**sunuz**.	
Onlar film izliyor**lar**.	

29.1 Rewrite the verbs with appropriate suffixes. Benutze das richtige Suffix.
1. (biz) almak   *Biz alıyoruz.*
2. (siz) etmek
3. (onlar) anlamak
4. (biz) başlamak
5. (siz) bakmak
6. (onlar) bilmek
7. (biz) bulmak
8. (siz) dönmek
9. (onlar) çalışmak
10. (biz) düşünmek
11. (siz) konuşmak

12. (onlar) okumak _____
13. (biz) ödemek _____
14. (siz) uyumak _____
15. (onlar) yemek _____

29.2 Fill in the blanks with persons. Fülle die Lücken mit Personalpronomen.

1. *Ben* İstanbul'da yaşıyorum.
2. _____ kitap okuyor.
3. _____ Türkçe öğreniyoruz.
4. _____ beni seviyorsun.
5. _____ otobüs bekliyorum.
6. _____ müzik dinliyor.
7. _____ İngilizce konuşuyorlar.
8. _____ ofiste çalışıyor.
9. _____ e-mail gönderiyoruz.
10. _____ tatile çıkıyorsunuz.
11. _____ çay içmek istiyoruz.
12. _____ İngilizce öğreniyorsun.
13. _____ Türkçe öğrenmek istiyorum.
14. _____ İnternet'te çet yapıyorlar.
15. _____ Ebru ile dans ediyor.
16. _____ öğrencilere ders veriyor.
17. _____ mutfakta yemek yapıyoruz.
18. _____ İspanya'dan geliyor.
19. _____ futbol oynuyoruz.
20. _____ televizyon izliyorsunuz, _____ de müzik dinliyoruz.

29.3 Make sentences. Bilde Sätze.

1. sen / Türkçe öğrenmek   *Sen Türkçe öğreniyorsun.*
2. siz / tavla oynamak   _____
3. biz / ders çalışmak   _____
4. kızlar / müzik dinlemek   _____
5. biz / ona yardım etmek   _____
6. insanlar / dans etmek   _____
7. bebekler / uyumak   _____
8. biz / çamaşır yıkamak   _____
9. siz / çorba içmek   _____
10. Ali ve ben / ödev yapmak   _____
11. onlar / gürültü yapmak   _____
12. biz / kitap okumak   _____
13. Oya ve sen / yüzmek   _____
14. onlar / radyo dinlemek   _____
15. biz / sinemaya gitmek   _____

Lesson 30 : O film izliyor mu?
Present Continuous Tense / Question • Präsens / Fragen

Turkish	Your Language
Ben film izl**iyor mu**yum?	
Sen film izl**iyor mu**sun?	
O film izl**iyor mu**?	
Biz film izl**iyor mu**yuz?	
Siz film izl**iyor mu**sunuz?	
Onlar film izl**iyor**lar **mı**?	

Question word is always **mu?** (- yor mu?)

Das Fragewort ist immer **mu** (-yor mu?)

30.1 Rewrite the verbs with appropriate suffixes. Benutze das richtige Suffix.
1. (ben) almak — *Ben alıyor muyum?*
2. (sen) etmek   _____
3. (o) anlamak   _____
4. (biz) başlamak   _____
5. (siz) bakmak   _____
6. (onlar) bilmek   _____
7. (ben) bulmak   _____
8. (sen) dönmek   _____
9. (o) çalışmak   _____
10. (biz) düşünmek   _____
11. (siz) konuşmak   _____
12. (onlar) okumak   _____
13. (ben) ödemek   _____
14. (sen) uyumak   _____
15. (o) yemek   _____

30.2 Make questions. Bilde Fragen.
1. Fuat ve Nalan / dans etmek? *Fuat ve Nalan dans ediyor mu?*
2. onlar / çay istemek?   _____
3. o / partiye gelmek?   _____
4. sen / gelmek?   _____
5. siz / radyo dinlemek?   _____
6. sen / beni sevmek?   _____

7. siz / kahve içmek?
8. Haluk Bey / çay istemek?
9. sen / futbolu sevmek?
10. Serdar / Ali'yi tanımak?
11. biz / otobüse binmek?
12. sen / televizyon izlemek?
13. Şebnem / derse gelmek?
14. siz / sinemaya gitmek?
15. o / kahvaltı yapmak?

Turkish	Your Language	Turkish	Your Language	Turkish	Your Language
Kim		Nereye		Nasıl	
Kimin		Nerede		Neyle	
Ne		Nereden		Kaç (tane)	
Ne zaman		Hangi		Ne kadar	

30.3 Make questions with the underlined expressions. Bilde Fragen aus dem Unterstrichenen.

1. <u>Andy</u> <u>Türkiye'de</u> <u>Türkçe</u> öğreniyor.

2. <u>Aslı</u> <u>Dalyan'da</u> <u>tatil</u> yapıyor.

3. <u>Benim annemle babam</u> <u>yarın</u> <u>Almanya'ya</u> uçuyorlar.

4. Ben <u>okula</u> <u>dolmuşla</u> gidiyorum.

5. Ben <u>bugün</u> <u>Aysel ile</u> <u>sinemaya</u> gidiyorum.

Lesson 31 : O film izlemiyor.
Present Continuous Tense / Negative • Präsens / Verneinung

Turkish	Your Language
Ben film izle**miyor**um.	
Sen film izle**miyor**sun.	
O film izle**miyor**.	
Biz film izle**miyor**uz.	
Siz film izle**miyor**sunuz.	
Onlar film izle**miyor**lar.	

– **m** – is the suffix that makes the verb negative.

- **m** - ist das Suffix, welches das Verb negativ macht und damit verneint.

Turkish	Your Language	Turkish	Your Language
Ge**lmiyor**		ka**lmıyor**	
İç**miyor**		çı**kmıyor**	
döv**müyor**		do**ğmuyor**	
Gü**lmüyor**		bu**lmuyor**	
uyu**muyor**			

31.1 Rewrite the verbs with appropriate suffixes. Benutze das richtige Suffix.

1. almak — *O almıyor.*
2. etmek
3. anlamak
4. başlamak
5. bakmak
6. bilmek
7. bulmak
8. dönmek
9. çalışmak
10. düşünmek
11. götürmek
12. konuşmak
13. okumak
14. ödemek
15. uyumak
16. yemek

31.2 Make sentences negative. Bilde Sätze.
1. O şarkı söylüyor.   *O şarkı söylemiyor.*
2. O dans ediyor.
3. O yemek yiyor.
4. O ders çalışıyor.
5. O tenis oynuyor.
6. O müzik dinliyor.
7. O araba sürüyor.
8. O çay içiyor.
9. O kahvaltı yapıyor.
10. O Türkçe öğreniyor.
11. O kitap okuyor.
12. O yazı yazıyor.
13. O soru soruyor.
14. O kahve istiyor.
15. O yemek pişiriyor.

31.3 Rewrite the verbs with appropriate suffixes. Benutze das richtige Suffix.
1. (ben) almak   *Ben almıyorum.*
2. (sen) etmek
3. (o) anlamak
4. (biz) başlamak
5. (siz) bakmak
6. (onlar) bilmek
7. (ben) bulmak
8. (sen) dönmek
9. (o) çalışmak
10. (biz) düşünmek
11. (siz) konuşmak
12. (onlar) okumak
13. (ben) ödemek
14. (sen) uyumak
15. (o) yemek

31.4 Make the sentences negative. Bilde negative Sätze.
1. Biz Ankara'da oturuyoruz.   *Biz Ankara'da oturmuyoruz.*
2. Ben çay istiyorum.
3. Sen okula gidiyorsun.
4. Biz işe otobüsle gidiyoruz.
5. Ben sigara içiyorum.
6. O alkol kullanıyor.

7. Ben mektup yazıyorum.
8. Siz kahvaltı yapıyorsunuz.
9. Ben Ali'yi tanıyorum.
10. O kantinde tost yiyor.
11. Murat banyoda tıraş oluyor.
12. Ben saat 12'de yatıyorum.
13. Siz kitap okuyorsunuz.
14. Sen televizyon izliyorsun.
15. Ben seni seviyorum.

Turkish	Your Language
O uyuyor.	
O uyuyor mu?	
Evet, uyuyor.	
Hayır, uyumuyor.	

The verb is repeated to give a short answer (yes / no questions).

Bei ja / nein- Fragen wiederholt man das Verb in der Antwort.

31.5 Give true answers. Antworte wahrheitgetreu.
1. Sen futbolu seviyor musun?   *Evet, seviyorum. / Hayır, sevmiyorum.*
2. Sen televizyon izliyor musun?
3. Sen Türkçe biliyor musun?
4. Sen kitap okuyor musun?
5. Sen tavla oynuyor musun?
6. Sen sigara içiyor musun?
7. Sen her yaz tatile çıkıyor musun?
8. Sen sinemaya gidiyor musun?
9. Sen çay içmek istiyor musun?
10. Sen okula gidiyor musun?

Lesson 32 : O şimdi film izlemiyor.
Time Expressions • Zeiten

32.1 Rewrite with "şimdi" ve "şu anda". Benutze „şimdi" und „şu anda".
1. ben / çay / içmek   *Ben şu anda / şimdi çay içiyorum.*
2. Ali / elma / yemek
3. Can Bey / araba / sürmek

4. Serkan / dergi / okumak
5. bebek / uyumak
6. çocuk / mektup / yazmak
7. benim kardeşim / ağlamak
8. Ali ve Oya / dans etmek
9. Orhan / sigara / içmek
10. ben / televizyon / izlemek
11. biz / kahvaltı / yapmak
12. sen / bana / bakmak
13. ben / telefonda / konuşmak
14. kadın / yemek / pişirmek
15. öğretmen / ders / vermek

32.2 Make true sentences with "bugün, bu gece, bu akşam, yarın, bu hafta sonu, gelecek …".
Antworte wahrheitsgetreu mit „bugün, bu gece, bu akşam, yarın, bu hafta sonu, gelecek …".

1. ben / dışarı çıkmak   *Ben bu akşam dışarı çıkıyorum.*
2. ben / alışverişe gitmek
3. ben / sinemaya gitmek
4. ben / tatile çıkmak
5. ben / erken yatmak
6. ben / evde dinlenmek
7. ben / film izlemek
8. ben / ders çalışmak
9. ben / işe gitmek
10. ben / sinemaya gitmek
11. ben / televizyon izlemek
12. ben / ders çalışmak

32.3 Give true answers to the questions. Antworte wahrheitsgetreu.

Bugün ne yapıyorsun?

Bu akşam ne yapıyorsun?

Hafta sonu ne yapıyorsun? _____
_____
_____
_____

Lesson 33 : O çay içmek istiyor. O çay içmeyi seviyor.
Want & Like • wollen & mögen

Turkish	Your Language
Türkçe öğrenmek O kolay. **Türkçe öğrenmek** kolaydır.	

33.1 Make sentences. Bilde Sätze.

1. yüzmek / sağlıklı   *Yüzmek sağlıklıdır.*
2. futbol oynamak / eğlenceli   _____
3. sigara içmek / zaralı   _____
4. ders çalışmak / gerekli   _____
5. tatile çıkmak / keyifli   _____

Turkish	Your Language
Çay istiyorum. Çay i**çmek** is**ti**yorum. Çay**ı** seviyorum. Çay iç**meyi** se**vi**yorum.	

istemek is used with an infinitive verb (yapmak). **sevmek** is used with a gerund (yapma – y – ı).

istemek wird mit einem infinitiven Verb (yapmak) benutzt. **sevmek** wird mit einem Gerundium genutzt (yapma – y – ı).

33.2 Make sentences. Bilde Sätze.
1. içmek *Ben içmek istiyorum.* *Ben içmeyi seviyorum.*
2. seçmek _____ _____
3. görmek _____ _____
4. oynamak _____ _____
5. etmek _____ _____
6. okumak _____ _____
7. izlemek _____ _____
8. koşmak _____ _____
9. yüzmek _____ _____
10. yemek _____ _____
11. yapmak _____ _____
12. sürmek _____ _____
13. yazmak _____ _____
14. almak _____ _____
15. çalışmak _____ _____

33.3 Fill in the blanks with the appropriate verb form. Fülle die Lücken mit der richtigen Form.
1. Ben sinemada film *izlemek* istiyorum. (izlemek)
2. Ben çay _____ istemiyorum. (içmek)
3. O dans _____ seviyor. (etmek)
4. Ben futbol _____ seviyorum. (oynamak)
5. Ben dans _____ seviyorum. (etmek)
6. Sen çay _____ istiyor musun? (içmek)
7. Biz pikniğe _____ seviyoruz. (gitmek)
8. Sen neden Türkçe _____ istiyorsun? (öğrenmek)
9. Biz Türkçe _____ istiyoruz. (konuşmak)
10. Ben eve gidip _____ istiyorum. (uyumak)
11. Ben zengin _____ istiyorum. (olmak)
12. Ben futbol _____ sevmiyorum. (oynamak)
13. Sen müzik _____ seviyor musun? (dinlemek)
14. Ben _____ istiyorum. (dinlenmek)
15. Benim canım dans _____ istiyor. (etmek)

33.4 Write what you like doing. Schreibe, was Du gerne machst.
1. oyun oynamak *Ben oyun oynamayı seviyorum / sevmiyorum.*
2. kıyafet almak _____
3. içmek _____
4. alışveriş yapmak _____
5. müzik dinlemek _____

6. rakı içmek
7. yüzmek
8. futbol oynamak
9. şarkı söylemek
10. Türkçe öğrenmek
11. uyumak
12. tavla oynamak
13. dans etmek
14. demli çay içmek
15. sarhoş olmak
16. dinlenmek
17. tatil yapmak
18. sigara içmek

33.5 Write what you want to do now. Schreibe, was Du jetzt gern tuen würdest.
1. uyumak *Ben uyumak istiyorum / istemiyorum.*
2. içmek
3. televizyon izlemek
4. eve gitmek
5. tatil yapmak
6. dans etmek
7. yemek yemek
8. bira içmek
9. kokoreç yemek
10. sigara içmek
11. akşam dışarı çıkmak
12. şarkı söylemek
13. rakı içmek
14. kitap okumak
15. çalışmak
16. tatile çıkmak
17. sinemaya gitmek
18. film izlemek

Lesson 34 : Bu kimin kalemi? O Ali'nin kalemi.
Possessives • Besitz

Turkish	Your Language	Turkish	Your Language
Eren'in		Emre'nin	
İdil'in		Ali'nin	
Murat'ın		Ata'nın	
Işıl'ın		atkının	
Gül'ün		Ülkü'nün	
gölün			
Umut'un		Utku'nun	
Şenol'un		İbo'nun	
Kimin?			

– (n)in / (n)ın / (n)ün / (n)un is used for possession ('s). If the last letter is a vowel then you use – n – The question fort his form is **kimin**.

Mit – (n)in / (n)ın / (n)ün / (n)un wird Besitz angezeigt. Ist der letzte Buchstabe ein Vokal, wird – n – eingeschoben. Das Fragewort ist **kimin**.

34.1 Answer the questions. Beantworte die Fragen.
1. Kimin evi? (Ali) — *Ali'nin evi.*
2. Kimin okulu? (Ahmet)
3. Kimin arabası? (Ayşe)
4. Kimin kardeşi? (Birol)
5. Kimin bardağı? (Suat)
6. Kimin fincanı? (Murat)
7. Kimin arkadaşı? (Gül)
8. Kimin kalemi? (Aylin)
9. Kimin sınıfı? (Ömür)
10. Kimin saati? (Onur)

Turkish	Your Language	Turkish	Your Language
kal<u>e</u>mi		far<u>e</u>si	
d<u>i</u>şi		part<u>i</u>si	
fotoğr<u>a</u>fı		arab<u>a</u>sı	
k<u>ı</u>zı		kar<u>ı</u>sı	
g<u>ü</u>lü		üt<u>ü</u>sü	
g<u>ö</u>lü		trakt<u>ö</u>rü	
m<u>u</u>zu		sor<u>u</u>su	
televiz<u>yo</u>nu		palt<u>o</u>su	

To the last word of the possessive construction add – **(s)i / (s)ı / (s)u / (s)ü**. If the word ends with a vowel you use – **s** – with the suffix.

An das zweite Wort der Possessivkonstruktion wird – **(s)i / (s)ı / (s)u / (s)ü** angefügt. Endet dieses Wort mit einem Vokal, wird – **s** – eingeschoben.

With the proper nouns (Eigennamen) you use an **aphostrope** (').
    Ali'nin kalemi
    Murat'ın arabası

If the second word ends with a **k, ç, p** these letters become **ğ, c, b**.
    kaşık   Ali'nin kaşığı
    ağaç   Murat'ın ağacı
    kitap   babamın kitabı

Plural words take – **leri / ları**.
    Ali'nin   kalem**leri**
    Ali'nin   kitap**ları**

34.2 Answer the questions. Beantworte die Fragen.
1. Orhan'ın nesi? (araba)   *Orhan'ın arabası.*
2. Suna'nın nesi? (kaşık)
3. Orhan'ın nesi? (abla)
4. Tuncay'ın nesi? (aile)
5. Çiğdem'in nesi? (arkadaş)
6. Ayla'nın nesi? (çiçekler)
7. Engin'in nesi? (sözlük)
8. Zeynep'in nesi? (ödev)
9. Özkan'ın nesi? (kimlik)
10. Aysel'in nesi? (bilgisayar)

34.3 Answer the questions. Beantworte die Fragen.
1. Mehmet'in nesi var? (kalem)   *Mehmet'in bir kalemi var.*
2. Serap'ın nesi var? (arkadaş)   _____
3. Ali'nin nesi var? (araba)   _____
4. Arzu'nun nesi var? (kitaplar)   _____
5. Merve'nin nesi var? (ev)   _____
6. Bora'nın nesi var? (bisiklet)   _____
7. Kerem'in nesi var? (bilgisayar)   _____
8. Sercan'ın nesi var? (radyo)   _____
9. Seda'nın nesi var? (kediler)   _____
10. Tuba'nın nesi var? (şapka)   _____

34.4 Fill in the blanks with "– (n)in / (n)ın / (n)ün / (n)un" and "– (s)i / (s)ı / (s)u / (s)ü".
Fülle die Lücken mit „– (n)in / (n)ın / (n)ün / (n)un" and "– (s)i / (s)ı / (s)u / (s)ü".

1. Ayşe*'nin* bilgisayar*ı*
2. Emre ____ anne ____
3. benim ailem ____ ev ____
4. çocuk ____ şapka ____
5. ev ____ kapı ____
6. kitap ____ sayfalar ____
7. adam ____ kimlik ____
8. senin amcan ____ iş ____
9. Suat ____ sözlük ____
10. fırıncı ____ kız ____
11. Elif ____ saç ____
12. öğrenci ____ çanta ____
13. çay ____ şeker ____
14. kadın ____ araba ____
15. doktor ____ hemşire ____
16. Selin ____ masa ____
17. adam ____ kahve ____
18. kadın ____ koca ____
19. adam ____ araba ____
20. Ali ____ para ____
21. öğrenciler ____ notlar ____
22. bizim kuzenimiz ____ kız arkadaş ____
23. çorba ____ tuz ____
24. onun arkadaşı ____ aile ____
25. Atatürk ____ hayat ____

Lesson 35 : Onun Türkçe öğrenmeye ihtiyacı var.
Need • brauchen

Turkish	Your Language
ihtiyaç	
onun ihtiyacı	
Onun ihtiyacı var.	
Onun bir kaleme ihtiyacı var.	
Onun bir kaleme ihtiyacı var mı?	
Onun bir kaleme ihtiyacı yok.	
Benim bir kaleme **ihtiyacım** var.	
Senin bir kaleme **ihtiyacın** var.	
Onun bir kaleme **ihtiyacı** var.	
Bizim bir kaleme **ihtiyacımız** var.	
Sizin bir kaleme **ihtiyacınız** var.	
Onların bir kaleme **ihtiyaçları** var.	
Ali**'nin** bir kaleme **ihtiyacı** var.	
Onun **bana** / **sana** / **ona** ihtiyacı var.	

Turkish	Your Language	Turkish	Your Language
kaleme		bilgisayara	
dergiye		kapıya	
traktöre		balona	
güle		tuluma	

35.1 Make sentences. Bilde Sätze.

1. ben / bir sabun / ihtiyaç   *Benim bir sabuna ihtiyacım var.*
2. o / bir araba / ihtiyaç _____
3. biz / bir otel / ihtiyaç _____
4. sen / bir doktor / ihtiyaç _____
5. onlar / bir tamirci / ihtiyaç _____
6. ben / para / ihtiyaç _____
7. siz / iyi öğretmen / ihtiyaç _____

8. o / su / ihtiyaç _____
9. Can / bir kağıt / ihtiyaç _____
10. biz / un / ihtiyaç _____

Study the examples
    Onun bir kitaba **ihtiyacı var**.
    Onun bir kitaba **ihtiyacım vardı**.
    Onun bir kitaba **ihtiyacı olacak**.

Turkish	Your Language
Onun öğrenme**ye** ihtiyacı var.	
Onun yapma**ya** ihtiyacı var.	

Turkish	Your Language	Turkish	Your Language
gelme**ye**		kalma**ya**	
içme**ye**		çıkma**ya**	
dövme**ye**		doğma**ya**	
gülme**ye**		bulma**ya**	

35.2 Rewrite the verbs with appropriate suffixes. Nutze das richtige Suffix.

1. almak   *Onun almaya ihtiyacı var.*
2. etmek _____
3. anlamak _____
4. başlamak _____
5. bakmak _____
6. bilmek _____
7. bulmak _____
8. dönmek _____
9. çalışmak _____
10. düşünmek _____
11. konuşmak _____
12. okumak _____
13. ödemek _____
14. uyumak _____
15. yemek _____

Turkish	Your Language
Benim Türkçe öğren**meye ihtiyacım** var.	
Senin Türkçe öğren**meye ihtiyacın** var.	
Onun Türkçe öğren**meye ihtiyacı** var.	
Bizim Türkçe öğren**meye ihtiyacımız var.**	
Sizin Türkçe öğren**meye ihtiyacınız** var.	
Onların Türkçe öğren**meye ihtiyacı** var.	

35.3 Rewrite the verbs with appropriate suffixes. Nutze das richtige Suffix.

1. (ben) almak   *Benim almaya ihtiyacım var.*
2. (sen) etmek
3. (o) anlamak
4. (biz) başlamak
5. (siz) bakmak
6. (onlar) bilmek
7. (ben) bulmak
8. (sen) dönmek
9. (o) çalışmak
10. (biz) düşünmek
11. (siz) konuşmak
12. (onlar) okumak
13. (ben) ödemek
14. (sen) uyumak
15. (o) yemek

35.4 Make sentences. Bilde Sätze.

1. ben / su / içmek   *Benim su içmeye ihtiyacım var.*
2. biz / yemek / yemek
3. siz / bir ev / almak
4. o / evlenmek
5. ben / bir araba
6. siz / bir tatil
7. ben / dinlenmek
8. biz / tatil / çıkmak

9. onlar / kitaplar
10. o / bir sigara / içmek

35.5 Make sentences. Bilde Sätze.
1. ben / para   *Benim paraya ihtiyacım yok.*
2. sen / ev / temizlemek
3. o / çalışmak
4. biz / bir araba
5. ben / tatil / çıkmak
6. o / bir eş
7. sen / su / içmek
8. biz / Türkçe / öğrenmek
9. ben / o
10. siz / çalışmak

35.6 Make sentences. Bilde Sätze.
1. Sen / bir kalem   *Senin bir kaleme ihtiyacın var mı?*
2. Biz / ödev / yapmak
3. o / Ali ile / konuşmak
4. siz / dinlenmek
5. sen / para
6. sen / para / kazanmak
7. o / çalışmak
8. sen / bir araba / almak
9. biz / bu kitaplar
10. onlar / ben

Lesson 36 : O Türkçe konuşabilir.
Ability /Affirmative • Fähigkeit, Können / Bejahung

Turkish	Your Language
O Türkçe konuş**abilir**.	
O Türkçe konuş**abilir** mi?	
O Türkçe konuş**amaz**.	

– (y)ebil / abil – is used for ability.

– (y)ebil / abil drückt Fähigkeit aus.

Turkish	Your Language	Turkish	Your Language
g<u>e</u>lebilir		k<u>a</u>labilir	
i<u>ç</u>ebilir		ç<u>ı</u>kabilir	
d<u>ö</u>vebilir		k<u>o</u>şabilir	
g<u>ü</u>lebilir		b<u>u</u>labilir	
ok<u>u</u>yabilir			

36.1 Rewrite the verbs with appropriate suffixes. Nutze das richtige Suffix.

1. almak — *O alabilir.*
2. etmek
3. anlamak
4. başlamak
5. bakmak
6. bilmek
7. bulmak
8. dönmek
9. çalışmak
10. düşünmek
11. götürmek
12. konuşmak
13. okumak
14. ödemek
15. uyumak
16. yemek

36.2 Make sentences. Bilde Sätze.
1. o / yemek yapmak   *O yemek yapabilir.*
2. o / Türkçe anlamak
3. o / kayak yapmak
4. o / futbol oynamak
5. o / dans etmek
6. o / şarkı söylemek
7. o / bisiklet sürmek
8. o / yüzmek
9. o / rakı içmek
10. o / kitap yazmak
11. o / balık tutmak
12. o / İngilizce konuşmak
13. o / çay demlemek
14. o / sigara içmek
15. o / resim yapmak

Turkish	Your Language
Ben Türkçe konuşabilir**im**.	
Sen Türkçe konuşabilir**sin**.	
O Türkçe konuşabilir.	

Personal suffixes do not change because the last suffix is always – **i** –.

Persönliche Suffixe ändern sich nie, da das Fähigkeitssuffix immer den Vokal – **i** – beinhaltet.

36.3 Rewrite the verbs with appropriate suffixes. Nutze das richtige Suffix.
1. (ben) almak   *Ben alabilirim.*
2. (sen) etmek
3. (o) anlamak
4. (ben) başlamak
5. (sen) bakmak
6. (o) bilmek
7. (ben) bulmak
8. (sen) dönmek
9. (o) çalışmak
10. (ben) düşünmek
11. (sen) konuşmak
12. (o) okumak
13. (ben) ödemek

14. (sen) uyumak   _____
15. (o) yemek   _____

36.4 Fill in the blanks with persons. Fülle die Lücken mit Personalpronomen.

1. *Ben*   dans edebilirim.   6. _____ rakı içebilir.
2. _____ yüzebilir.   7. _____ futbol oynayabilirim.
3. _____ şarkı söyleyebilirsin.   8. _____ araba kullanabilirsin.
4. _____ resim yapabilir.   9. _____ bilgisayar kullanabilirim.
5. _____ yemek pişirebilirim.   10. _____ Türkçe konuşabilirsin.

36.5 Make sentences. Bilde Sätze.

1. ben / tenis oynamak   *Ben tenis oynayabilirim.*
2. o / araba sürmek   _____
3. sen / bilgisayar kullanmak   _____
4. Murat / ata binmek   _____
5. sen / İspanyolca konuşmak   _____
6. o / Fransızca anlamak   _____
7. siz / kayak yapmak   _____
8. ben / Çin yemeği yapmak   _____
9. biz / dans etmek   _____
10. onlar / yüzmek   _____

Lesson 37 : Biz Türkçe konuşabiliriz.
Ability /Affirmative • Fähigkeit / Bejahung

Turkish	Your Language
Ben Türkçe konuşabilir**im**.	
Sen Türkçe konuşabilir**sin**.	
O Türkçe konuşabilir.	
Biz Türkçe konuşabilir**iz**.	
Siz Türkçe konuşabilir**siniz**.	
Onlar Türkçe konuşabilir(**ler**).	

37.1 Rewrite the verbs with appropriate suffixes. Nutze das richtige Suffix.
1. (biz) almak   *Biz alabiliriz.*
2. (siz) etmek
3. (onlar) anlamak
4. (biz) başlamak
5. (siz) bakmak
6. (onlar) bilmek
7. (biz) bulmak
8. (siz) dönmek
9. (onlar) çalışmak
10. (biz) düşünmek
11. (siz) konuşmak
12. (onlar) okumak
13. (biz) ödemek
14. (siz) uyumak
15. (onlar) yemek

37.2 Fill in the blanks with persons. Fülle die Lücken mit Personalpronomen.

1. *Ben* şarkı söyleyebilirim.
2. _____ futbol oynayabiliriz.
3. _____ yemek yapabilirsin.
4. _____ bisiklet sürebilir.
5. _____ onları yenebilirsiniz.
6. _____ para kazanabilirsiniz.
7. _____ İngilizce konuşabilirler.
8. _____ hızlı koşabilirim.
9. _____ düşünebilirler.
10. _____ çorba pişirebiliriz.
11. _____ rakı içebilir.
12. _____ dikiş dikebilirim.
13. _____ tenis oynayabilirler.
14. _____ araba kullanabilirsin.
15. _____ oelde kalabilirler.
16. _____ Türkçe konuşabilirsiniz.
17. _____ kupayı kazanabiliriz.
18. _____ İstanbul'da yaşayabilirim.
19. _____ onu bulabilirsin.
20. _____ yalan söyleyebilir.

37.3 Make sentences. Bilde Sätze.
1. biz / tenis oynamak   *Biz tenis oynayabiliriz.*
2. o / araba sürmek
3. ben / balık tutmak
4. siz / piyano çalmak
5. biz / Arapça konuşmak
6. o / Fransızca anlamak
7. o / fotoğraf çekmek
8. sen / dans etmek
9. ben / kahve yapmak
10. onlar / Türkçe konuşmak

Lesson 38 : Sen Türkçe konuşabilir misin?
Ability / Questions • Fähigkeit / Fragen

Turkish	Your Language
Ben Türkçe konuş**abilir miyim?**	
Sen Türkçe konuş**abilir misin?**	
O Türkçe konuş**abilir mi?**	
Biz Türkçe konuş**abilir miyiz?**	
Siz Türkçe konuş**abilir misiniz?**	
Onlar Türkçe konuş**abilir**ler **mi?**	

Question word is always **mi?** as the last vowel is – **i** –.

Das Fragewort ist immer **mi?**, da der lezte Vokal immer – **i** – ist.

38.1 Rewrite the verbs with appropriate suffixes. Benutze das richtige Suffix.
1. almak — *O alabilir mi?*
2. etmek
3. anlamak
4. başlamak
5. bakmak
6. bilmek
7. bulmak
8. dönmek
9. çalışmak
10. düşünmek
11. konuşmak
12. okumak
13. ödemek
14. uyumak
15. yemek

38.2 Rewrite the verbs with appropriate suffixes. Benutze das richtige Suffix.
1. (ben) almak — *Ben alabilir miyim?*
2. (sen) etmek
3. (biz) anlamak
4. (siz) başlamak
5. (onlar) bakmak
6. (ben) bilmek
7. (sen) bulmak

8. (biz) dönmek _____
9. (siz) çalışmak _____
10. (onlar) düşünmek _____
11. (ben) konuşmak _____
12. (sen) okumak _____
13. (biz) ödemek _____
14. (siz) uyumak _____
15. (onlar) yemek _____

38.3 Ability. Make questions. Fähigkeit. Bilde Fragen.
1. Ali / dans etmek?   *Ali dans edebilir mi?*
2. sen / rakı içmek? _____
3. sen / futbol oynamak? _____
4. çocuk / İngilizce konuşmak? _____
5. sen / sörf yapmak? _____
6. o / güzel yemek yapmak? _____
7. siz / güzel dans etmek? _____
8. onlar / İngilizce yazmak? _____
9. sen / yüzmek? _____
10. siz / araba sürmek? _____

38.4 Permission and request. Make questions. Erlaubnis und Nachfrage. Bilde Fragen.
1. sen / bana yardım etmek?   *Sen bana yardım edebilir misin?*
2. biz / bu akşam / size gelmek? _____
3. sen / onunla / konuşmak? _____
4. ben / bir çay almak? _____
5. sen / buraya gelmek? _____
6. ben / size / yardım etmek? _____
7. sen / bana / telefon etmek? _____
8. ben / sigara içmek? _____
9. sen / bu akşam / bana gelmek? _____
10. biz / size katılmak? _____

Lesson 39 : O Türkçe konuşamaz.
Ability / Negative • Fähigkeit / Verneinung

Turkish	Your language
Ben Türkçe konuş**am**am.	
Sen Türkçe konuş**amaz**sın.	
O Türkçe konuş**amaz**.	
Biz Türkçe konuş**amay**ız.	
Siz Türkçe konuş**amaz**sınız.	
Onlar Türkçe konuş**amaz**lar.	

Negative suffix is
– **eme(z) / ama(z)**.

Negativsuffix ist
– **eme(z) / ama(z)**.

Turkish	Your language	Turkish	Your Language
ge**le**mez		ka**la**maz	
i**çe**mez		çı**ka**maz	
dö**ve**mez		ko**şa**maz	
gü**le**mez		bu**la**maz	
uyu**ya**maz			

39.1 Rewrite the verbs with appropriate suffixes. Nutze das richtige Suffix.

1. almak — *O alamaz.*
2. etmek _____
3. anlamak _____
4. başlamak _____
5. bakmak _____
6. bilmek _____
7. bulmak _____
8. dönmek _____
9. çalışmak _____
10. düşünmek _____
11. konuşmak _____
12. okumak _____
13. ödemek _____
14. uyumak _____
15. yemek _____

39.2 Rewrite the verbs with appropriate suffixes. Nutze das richtige Suffix.
1. (ben) almak   *Ben alamam.*
2. (sen) etmek
3. (biz) anlamak
4. (siz) başlamak
5. (onlar) bakmak
6. (ben) bilmek
7. (sen) bulmak
8. (biz) dönmek
9. (siz) çalışmak
10. (ben) düşünmek
11. (sen) konuşmak
12. (biz) okumak
13. (siz) ödemek
14. (ben) uyumak
15. (sen) yemek

39.3 Rewrite to make negative sentences. Forme die Sätze in negative Sätze um.
1. Ben araba sürebilirim.   *Ben araba süremem.*
2. O dans edebilir.
3. Biz akşam size gelebiliriz.
4. Ben rakı içebilirim.
5. Siz araba kullanabilirsiniz.
6. Hayvanlar konuşabilir.
7. O Türk kahvesi yapabilir.
8. Hayvanlar aşık olabilir.
9. Ben resim yapabilirim.
10. Çocuklar sigara içebilirler.
11. Sen hızlı koşabilirsin.
12. Ben dans edebilirim.
13. O sagara içebilir.
14. Hasan şarkı söyleyebilir.
15. Sen burada kalabilirsin.

39.4 Write what they can do. Schreibe, was sie können.

	rakı içmek	araba sürmek	yüzmek	yemek yapmak	3 dil konuşmak
Mine	✓	✗	✗	✓	✗
Reha	✗	✓	✓	✗	✓

1. *Mine rakı içebilir, ama Reha içemez.*
2. _____
3. _____
4. _____
5. _____

39.5 Tick and say what you can do in these places. Kreuze an und sage, was man tun kann.

plajda	banyoda	bahçede
uyumak ☐	banyo yapmak ☐	çalışmak ☐
yemek pişirmek ☐	duş almak ☐	tıraş olmak ☐
okumak ☐	koşmak ☐	boya yapmak ☐
içki içmek ☐	şarkı söylemek ☐	çiçek sulamak ☐
güneşlenmek ☐	ödemek ☐	yürümek ☐

mutfakta	dükkanda	caddede
yemek yapmak ☐	satın almak ☐	kamp yapmak ☐
doğramak ☐	bakmak ☐	paten yapmak ☐
dilimlemek ☐	koklamak ☐	yürümek ☐
yüzmek ☐	çalmak ☐	koşmak ☐
soymak ☐	alışveriş yapmak ☐	araba sürmek ☐

yatak odasında	kütüphanede	restoranda
yemek yapmak ☐	ders çalışmak ☐	konuşmak ☐
uyumak ☐	okumak ☐	temizlik yapmak ☐
çalışmak ☐	yazmak ☐	yemek yemek ☐
okumak ☐	kavga etmek ☐	ödemek ☐
dinlenmek ☐	çalışmak ☐	sipariş vermek ☐

ofiste		arabada		denizde	
resim yapmak	☐	okumak	☐	piknik yapmak	☐
konuşmak	☐	uyumak	☐	yüzmek	☐
plan yapmak	☐	yemek yemek	☐	boğulmak	☐
horlamak	☐	rüya görmek	☐	güneşlenmek	☐
yazmak	☐	sarhoş olmak	☐	balık tutmak	☐

Turkish	Your language
O futbol oynayabilir.	
O futbol oynayabilir mi?	
Evet, oynayabilir.	
Hayır, oynayamaz.	

The word / verb is repeated for yes /no questions.

Das Verb wird bei ja/nein-Fragen in der Antwort wiederholt.

39.6 Give <u>true</u> answers. Antworte <u>wahrheitsgetreu.</u>

1. Sen bisiklete binebilir misin? *Evet, binebilirim. / Hayır, binemem.*
2. Sen piyano çalabilir misin? _____
3. Sen yüzebilir misin? _____
4. Sen Türkçe konuşabilir misin? _____
5. Sen ayak yapabilir misin? _____
6. Sen kağıt uçak yapabilir misin? _____
7. Sen kokoreç yiyebilir misin? _____
8. Sen şiir yazabilir misin? _____
9. Sen bilgisayar kullanabilir misin? _____
10. Sen dans edebilir misin? _____
11. Sen yemek pişirebilir misin? _____
12. Sen şarkı söyleyebilir misin? _____
13. Sen satranç oynayabilir misin? _____
14. Sen araba sürebilir misin? _____
15. Sen tenis oynayabilir misin? _____
16. Sen resim yapabilir misin? _____
17. Sen hızlı koşabilir misin? _____
18. Sen hasta yapabilir misin? _____
19. Sen tenis oynayabilir misin? _____
20. Sen Japonca konuşabilir misin? _____

39.7 Permission and prohibiton. Make sentences. Erlaubnis und Verbot. Bilde Sätze.
1. ben / dışarı çıkmak (?)   *Ben dışarı çıkabilir miyim?*
2. o / araba sürmek (-)
3. sen / buraya gelmek (-)
4. onlar / yemek yemek (+)
5. siz / burada durmak (-)
6. ben / kapıyı açmak (?)
7. o / eve gelmek (+)
8. siz / böyle konuşmak (-)
9. sen / benimle kalmak (+)
10. ben / sizde kalmak (?)
11. sen / kitabı almak (+)
12. o / dışarı çıkmak (-)
13. ben / bir soru sormak (?)
14. siz / eve gitmek (+)

Lesson 40 : O Türkçe konuşabiliyor.
Be able to / Affirmative • können / Bejahung

Turkish	Your Language
O yemek yap**abilir**.	
O yemek yap**abiliyor**.	

– **ebilir / abilir** – is used for general ability. – **ebiliyor / abiliyor** is used for ‚be able to'.

– **ebilir / abilir** – drückt eine allgemeine Fähigkeit aus. **ebiliyor / abiliyor** bedeutet ‚etwas können'.

Turkish	Your Language
O yemek yap**abiliyor**.	
O yemek yap**amıyor**.	
O yemek yap**abiliyor mu**?	

Turkish	Your Language	Turkish	Your Language
gelebiliyor		kalabiliyor	
içebiliyor		çıkabiliyor	
dövebiliyor		koşabiliyor	
gülebiliyor		bulabiliyor	
uyuyabiliyor			

40.1 Rewrite the verbs with appropriate suffixes. Nutze das richtige Suffix.

1. almak   *O alabilir.*   *O alabiliyor.*
2. etmek
3. anlamak
4. başlamak
5. bakmak
6. bilmek
7. bulmak
8. dönmek
9. çalışmak
10. düşünmek
11. konuşmak
12. okumak
13. ödemek
14. uyumak
15. yemek

40.2 Rewrite the sentences. Schreibe die Sätze um.

1. O yemek yapabilir.   *O yemek yapabiliyor.*
2. O Türkçe anlayabilir.
3. O rakı içebilir.
4. O futbol oynayabilir.
5. O dans edebilir.
6. O şarkı söyleyebilir.
7. O bisiklet sürebilir.
8. O yüzebilir.
9. O Rusça konuşabilir.
10. O kitap yazabilir.
11. O balık tutabilir.
12. O İngilizce öğrenebilir.
13. O ders çalışabilir.

Turkish	Your Language
Ben yemek yapabiliyor**um**.	
Sen yemek yapabiliyor**sun**.	
O yemek yapabiliyor.	
Biz yemek yapabiliyor**uz**.	
Siz yemek yapabiliyor**sunuz**.	
Onlar yemek yapabiliyor**lar**.	

Personal suffixes do not change because the last vowel is always – o – (**yor**).

Das persönliche Suffix ändert sich nicht, da der letzte Vokal – o – (**yor**) ist.

40.3 Rewrite the verbs with appropriate suffixes. Nutze das richtige Suffix.
1. (ben) almak *Ben alabilirim.* *Ben alabiliyorum.*
2. (sen) etmek
3. (biz) anlamak
4. (siz) başlamak
5. (onlar) bakmak
6. (ben) bilmek
7. (sen) bulmak
8. (biz) dönmek
9. (siz) çalışmak
10. (onlar) uyumak
11. (ben) konuşmak
12. (sen) okumak
13. (biz) ödemek
14. (siz) düşünmek
15. (onlar) yemek

40.4 Make sentences. Bilde Sätze.
1. ben / tenis oynamak *Ben tenis oynayabiliyorum.*
2. biz / araba sürmek
3. sen / bilgisayar kullanmak
4. siz / ata binmek
5. sen / İspanyolca konuşmak
6. onlar / Fransızca anlamak
7. biz / kayak yapmak
8. ben / Çin yemeği yemek
9. o / şarkı söylemek
10. sen / dans etmek

Lesson 41 : O Türkçe konuşabiliyor mu?
Be able to / Questions • Können / Frage

Turkish	Your Language
Ben yemek yapabiliyor **muyum**?	
Sen yemek yapabiliyor **musun**?	
O yemek yapabiliyor **mu**?	
Biz yemek yapabiliyor **muyuz**?	
Siz yemek yapabiliyor **musunuz**?	
Onlar yemek yapabiliyorlar **mı**?	

Question word is always **mu?**

Das Fragewort ist immer **mu?**

41.1 Rewrite the verbs with appropriate suffixes. Nutze das richtige Suffix.
1. (ben) almak   *Ben açabiliyor muyum?*
2. (sen) etmek
3. (o) anlamak
4. (biz) başlamak
5. (siz) bakmak
6. (onlar) bilmek
7. (ben) bulmak
8. (sen) dönmek
9. (o) çalışmak
10. (biz) düşünmek
11. (siz) konuşmak
12. (onlar) okumak
13. (ben) ödemek
14. (sen) uyumak
15. (o) yemek

41.2 Make questions. Bilde Fragen.
1. O tenis oynayabiliyor.   *O tenis oynayabiliyor mu?*
2. Sen rakı içebiliyorsun.
3. Siz dans edebiliyorsunuz.
4. O Türkçe konuşabiliyor.
5. Sen araba sürebiliyorsun.
6. Siz dans edebiliyorsunuz.
7. O hızlı koşabiliyor.
8. Siz yüzebiliyorsunuz.

9. O kokoreç yiyebiliyor. _____
10. Sen çay demleyebiliyorsun. _____

Lesson 42 : O Türkçe konuşamıyor.
Be able to / Negative • können / Verneinung

Turkish	Your Language
Ben yemek yap**amıyor**um.	
Sen yemek yap**amıyor**sun.	
O yemek yap**amıyor**.	
Biz yemek yap**amıyor**uz.	
Siz yemek yap**amıyor**sunuz.	
Onlar yemek yap**amıyor**lar.	
O rakı iç**emiyor**.	
O kitap ok<u>u</u>yamıyor.	

Suffix for negative verbs is – **emiyor** / **amıyor**.

Das Suffix für Negativierung ist – **emiyor** / **amıyor**.

42.1 Rewrite the verbs. Schreibe die Verben um.

1. yapmıyor   *yapamıyor*
2. içmiyor   _____
3. yazmıyor   _____
4. bilmiyor   _____
5. anlamıyor   _____
6. görmüyor   _____
7. oynamıyor   _____
8. izlemiyor   _____
9. gelmiyor   _____
10. kalmıyor   _____

42.2 Rewrite the verbs with appropriate suffixes. Nutze das richtige Suffix.
1. almak   *O alamıyor.*
2. etmek   _____
3. anlamak _____
4. başlamak _____
5. bakmak   _____
6. bilmek   _____
7. bulmak   _____
8. dönmek   _____
9. çalışmak _____
10. düşünmek _____
11. konuşmak _____
12. okumak _____
13. ödemek _____
14. uyumak _____
15. yemek   _____

42.3 Rewrite the sentences. Schreibe die Sätze um.
1. O yemek yapamaz.   *O yemek yapamıyor.*
2. O Türkçe konuşamaz.   _____
3. O hızlı koşamaz.   _____
4. O futbol oynayamaz.   _____
5. O dans edemez.   _____
6. O şarkı söyleyemez.   _____
7. O araba süremez.   _____
8. O yüzemez.   _____
9. O rakı içemez.   _____
10. O kitap yazamaz.   _____

Lesson 43 : O dün evdeydi.
Past verb 'to be' / Affirmative • Vergangenheit von ‚sein' / Bejahung

Turkish		Your Language
Ben bir doktorum.	**Ben** bir doktor**dum**.	
Sen bir doktorsun.	**Sen** bir doktor**dun**.	
O bir doktor.	**O** bir doktor**du**.	

di / dı / dü / du is the suffix used for past tenses. If the word ends with a vowel you use **– y –** as buffer.

di / dı / dü / du bilden die Vergangenheit. Endet das Wort auf einem Vokal, wird **– y –** eingefügt.

	After consonants	After vowels	After consonants	After vowels
a ı	Ben bir mimardım. Sen bir mimardın. O bir mimardı.	Ben amcaydım. Sen amcaydın. O amcaydı.	Ben kızdım. Sen kızdın. O kızdı.	Ben bir fırıncıydım. Sen bir fırıncıydın. O bir fırıncıydı.
e i	Ben bir berberdim. Sen bir berberdin. O bir berberdi.	Ben bir hemşireydim. Sen bir hemşireydin. O bir hemşireydi.	Ben gelindim. Sen gelindin. O gelindi.	Ben iyiydim. Sen iyiydin. O iyiydi.
o u	Ben bir doktordum. Sen bir doktordun. O bir doktordu.	Ben maçoydum. Sen maçoydun. O maçoydu.	Ben mutsuzdum. Sen mutsuzdun. O mutsuzdu.	Ben mutluydum. Sen mutluydun. O mutluydu.
ö ü	Ben bir aktördüm. Sen bir aktördün. O bir aktördü.	Ben bir kuafördüm. Sen bir kuafördün. O bir kuafördü.	Ben güldüm. Sen güldün. O güldü.	Ben kötüydüm. Sen kötüydün. O kötüydü.

If the last letter of the word is **- f, s, t, k, ç, ş, h, p** the past suffix becomes **– ti / tı / tü / tu -**.

Ist der letzte Buchstabe ein **- f, s, t, k, ç, ş, h, p**, ändert sich der Suffix zu **– ti / tı / tü / tu -**.

O bir ağaçtı.   O bir bebekti.   O bir kitaptı.

43.1 Rewrite with "O". Schreibe mit „O".

1. o / öğrenci *O bir öğrenciydi.*
2. o / futbolcu _____
3. o / çok hasta _____
4. o / evli _____
5. o / doktor _____

43.2 Rewrite with "Ben". Schreibe mit „Ben".
1. ben / öğrenci   *Ben bir öğrenciydim.*
2. ben / güzel   _____
3. ben / evli   _____
4. ben / okulda   _____
5. ben / müdür   _____

43.3 Rewrite with "Sen". Schreibe mit „Sen".
1. sen / öğrenci   *Sen bir öğrenciydin.*
2. sen / aptal   _____
3. sen / çok güzel _____
4. sen / doktor   _____
5. sen / çok iyi   _____

43.4 Fill in the blanks with persons. Fülle die Lücken mit Personalpronomen.

1. *Ben*   öğrenciydim.   6. _____ Ali'nin arabasıydı.
2. _____   öğretmendi.   7. _____ yakışıklıydı.
3. _____   evliydim.   8. _____ özgürdüm.
4. _____   aktördü.   9. _____ işteydi.
5. _____   hastaydım.   10. _____ salaktı.

43.5 Make sentences. Bilde Sätze (Präsens, Vergangenheit).

		Present Tense	Past Tense
1. sen / güzel		*Sen güzelsin.*	*Sen güzeldin.*

2. sen / mutlu
3. ben / öğretmen
4. o / yaşlı
5. ben / şoför
6. o / gazeteci
7. ben / iyi
8. sen / işte
9. o / güzel bir kız
10. can / hasta

43.6 Where were you? Write <u>true</u> sentences. Wo warst Du? Antworte <u>ehrlich</u>.
1. bu sabah   *Ben bu sabah evdeydim / işteydim / okuldaydım...*
2. dün akşam saat 5'te   _____
3. geçen Salı   _____
4. sabah saat 10'da   _____
5. dün sabah   _____

6. geçen Pazar öğleden sonra　_____
7. dün gece saat 12'de　_____
8. geçen Cumartesi akşamı　_____
9. bugün saat 1'de　_____
10. iki gün önce　_____

Lesson 44 : Biz dün evdeydik.
Past verb 'to be' / Affirmative • Vergangenheit von ‚sein'

Turkish		Your Language
Ben bir doktor**um**.	**Ben** bir doktor**dum**.	
Sen bir doktor**sun**.	**Sen** bir doktor**dun**.	
O bir doktor.	**O** bir doktor**du**.	
Biz doktor**uz**.	**Biz** doktor**duk**.	
Siz doktor**sunuz**.	**Siz** doktor**dunuz**.	
Onlar doktor**lar**.	**Onlar** doktor**dılar**.	

	After a consonant	After a vowel	After a consonant	After a vowel
a ı	Biz mimardık. Siz mimardınız. Onlar mimardıler.	Biz amcaydık. Siz amcaydınız. Onlar amcaydılar.	Biz kızdık. Siz kızdınız. Onlar kızdılar.	Biz fırıncıydık. Siz fırıncıydınız. Onlar fırıncıydılar.
e i	Biz berberdik. Siz berberdiniz. Onlar berberdiler.	Biz hemşireydik. Siz hemşireydiniz. Onlar hemşireydiler.	Biz gelindik. Siz gelindiniz. Onlar gelindiler.	Biz iyiydik. Siz iyiydiniz. Onlar iyiydiler.
o u	Biz doktorduk. Siz doktordunuz. Onlar doktordular.	Biz maçoyduk. Siz maçoydunuz. Onlar maçoydular.	Biz mutsuzduk. Siz mutsuzdunuz. Onlar mutsuzdular.	Biz mutluyduk. Siz mutluydunuz. Onlar mutluydular.
ö ü	Biz aktördük. Siz aktördünüz. Onlar aktördüler.	Biz kuafördük. Siz kuafördünüz. Onlar kuafördüler.	Biz güldük. Siz güldünüz. Onlar güldüler.	Biz kötüydük. Siz kötüydünüz. Onlar kötüydüler.

44.1 Rewrite with "O". Schreibe mit „O".
1. onlar / öğrenci   *Onlar öğrenciydi(ler).*
2. onlar / futbolcu   _____
3. onlar / çok hasta   _____
4. onlar / evli   _____
5. onlar / doktor   _____

44.2 Rewrite with "Biz". Schreibe mit „Biz".
1. biz / öğrenci   *Biz öğrenciydik.*
2. biz / güzel   _____
3. biz / evli   _____
4. biz / okulda   _____
5. biz / müdür   _____

44.3 Rewrite with "Siz". Schreibe mit „Siz".
1. siz / öğrenci   *Siz öğrenciydiniz.*
2. siz / aptal   _____
3. siz / çok güzel   _____
4. siz / doktor   _____
5. siz / çok iyi   _____

44.4 Fill in the blanks with persons. Fülle die Lücken mit Personalpronomen.

1.	*Ben* öğrenciydim.		11.	_____ dostlardı.
2.	_____ güzeldin.		12.	_____ evdeydik.
3.	_____ öğretmendi.		13.	_____ hastaydın.
4.	_____ bekardık.		14.	_____ onun arabasıydı.
5.	_____ evliydim.		15.	_____ yakışıklıydı.
6.	_____ yorgunduk.		16.	_____ özgürdüm.
7.	_____ aktördü.		17.	_____ işteydi.
8.	_____ fakirdiler.		18.	_____ evdeydik.
9.	_____ arkadaşdınız.		19.	_____ okuldaydık.
10.	_____ hastaydım.		20.	_____ bir aktördü.

44.5 Make sentences. Bilde Sätze.

		Present Tense	Past Tense
1.	sen / güzel	*Sen güzelsin.*	*Sen güzeldin.*
2.	sen / iyi		
3.	onlar / evde		
4.	siz / aktör		

5. biz / zengin
6. ben / öğrenci
7. o / genç
8. biz / arkadaş
9. Ali ve Aysun / evli
10. ben / şoför
11. sen ve ben / dost
12. biz / gazeteci
13. o / bir bakkal
14. siz / işte
15. o ve ben / evli

Lesson 45 : O dün akşam evde değildi.
Past verb 'to be' / Negative • Vergangenheit von ‚sein' / Verneinung

Turkish	Your Language
Ben bir doktor **değildi**m.	
Sen bir doktor **değildi**n.	
O bir doktor **değildi**.	
Biz doktor **değildi**k.	
Siz doktor **değildi**niz.	
Onlar doktor **değildi**ler.	

değildi is used for negative sentences (wasn't / weren't).

değildi wird für negative Sätze verwendet (war nicht, waren nicht).

45.1 Make negative sentences. Bilde negative Sätze.

	Present Tense	**Past Tense**
1. sen / üzgün	*Sen üzgün değilsin.*	*Sen güzel değildin.*
2. ben / sarhoş		
3. o / mutlu		
4. biz / evli		

5. onlar / hastanede
6. Ali / evde
7. biz / fakir
8. hava / soğuk
9. Can / derste
10. sen / hasta
11. adam / arabada
12. o / güzel
13. kadın / işte
14. sen / komik
15. biz / tatilde

Turkish	Your Language	Turkish	Your Language
bugün		dün	
bu sabah		dün sabah	
bu akşam		dün akşam	
bu gece		dün gece	
bu hafta		geçen hafta	

45.2 Rewrite the sentences in the past. Schreibe in der Vergangenheit.

Present Tense   **Past Tense**

1. Berk bugün sınıfta.   *Berk dün sınıftaydı.*
2. Ben bugün sınıftayım.
3. Meltem bugün kütüphanede.
4. Biz bugün dersteyiz.
5. Jale ve Aslı bugün evdeler.
6. Sen bugün yoğunsun.
7. Ben bugün yorgunum.
8. Bugün hava soğuk.
9. Sınıf bugün sıcak.
10. Arda bugün ofiste.
11. Serdar bugün evde.
12. Kardeşim bugün tatilde.
13. Arkadaşım bugün sinemada.
14. Biz bugün evdeyiz.
15. Siz bugün iştesiniz.

45.3 Complete the sentences. Vervollständige die Sätze.

1. Banu bugün burada, ama…   *o dün burada değildi.*
2. Ben bu akşam evdeyim, ama… _____
3. Aylin bugün meşgul, ama … _____
4. Biz bu sabah sınıftayız, ama … _____
5. Tamer bu akşam işte, ama … _____
6. Bu hafta hava soğuk, ama … _____
7. Derya bu sabah işte, ama … _____
8. Turgay bugün evde, ama … _____
9. Ben bu hafta yoğunum, ama … _____
10. Ata bu akşam evde, ama … _____
11. Ali Bey bu sabah ofiste, ama … _____
12. Oya bu sabah evde, ama … _____
13. Siz bugün sınıftasınız, ama … _____
14. Can bugün hastanede, ama … _____
15. Babam bu akşam evde, ama … _____

Lesson 46 : O geçen hafta okulda mıydı?
Past verb 'to be' / Questions • Vergangenheit von ‚sein' / Fragen

Turkish	Your Language
Ben bir doktor **muydu**m?	
Sen bir doktor **muydu**n?	
O bir doktor **muydu**?	
Biz doktor **muydu**k?	
Siz doktor **muydu**nuz?	
Onlar doktorlar **mıydı**?	

Question word for past form is **miydi** / **mıydı** / **müydü** / **muydu**?

Das Fragewort in der Vergangenheit ist **miydi** / **mıydı** / **müydü** / **muydu**?

	After consonants	After vowels
a / ı	Ben ad<u>a</u>m **mıydım**? Sen ad<u>a</u>m **mıydın**? O ad<u>a</u>m **mıydı**? Biz ad<u>a</u>m **mıydık**? Siz ad<u>a</u>m **mıydınız**? Onlar ad<u>a</u>m **mıydı**?	Ben Kanadal<u>ı</u> **mıydım**? Sen Kanadal<u>ı</u> **mıydın**? O Kanadal<u>ı</u> **mıydı**? Biz Kanadal<u>ı</u> **mıydık**? Siz Kanadal<u>ı</u> **mıydınız**? Onlar Kanadal<u>ı</u> **mıydı**?
e / i	Ben g<u>e</u>nç **miydim**? Sen g<u>e</u>nç **miydin**? O g<u>e</u>nç **miydi**? Biz g<u>e</u>nç **miydik**? Siz g<u>e</u>nç **miydiniz**? Onlar g<u>e</u>nç **miydi**?	Ben zeng<u>i</u>n **miydim**? Sen zeng<u>i</u>n **miydin**? O zeng<u>i</u>n **miydi**? Biz zeng<u>i</u>n **miydik**? Siz zeng<u>i</u>n **miydiniz**? Onlar zeng<u>i</u>n **miydi**?
o / u	Ben bir dokt<u>o</u>r **muydum**? Sen bir dokt<u>o</u>r **muydun**? O bir dokt<u>o</u>r **muydu**? Biz dokt<u>o</u>r **muyduk**? Siz dokt<u>o</u>r **muydunuz**? Onlar dokt<u>o</u>r **muydu**?	Ben ces<u>u</u>r **muydum**? Sen ces<u>u</u>r **muydun**? O ces<u>u</u>r **muydu**? Biz ces<u>u</u>r **muyduk**? Siz ces<u>u</u>r **muydunuz**? Onlar ces<u>u</u>r **muydu**?
ö / ü	Ben bir şof<u>ö</u>r **müydüm**? Sen bir şof<u>ö</u>r **müydün**? O bir şof<u>ö</u>r **müydü**? Biz şof<u>ö</u>r **müydük**? Siz şof<u>ö</u>r **müydünüz**? Onlar şof<u>ö</u>r **müydü**?	Ben dür<u>ü</u>st **müydüm**? Sen dür<u>ü</u>st **müydün**? O dür<u>ü</u>st **müydü**? Biz dür<u>ü</u>st **müydük**? Siz dür<u>ü</u>st **müydünüz**? Onlar dür<u>ü</u>st **müydü**?

46.1 Make questions. Bilde Fragen.

	Present Tense	Past tense
1. siz / işte	*Siz işte misiniz?*	*Siz işte miydiniz?*
2. siz / evli		
3. biz / dost		
4. o / bir telefon		
5. sizin ev / büyük		
6. biz / arkadaş		
7. sen / şoför		
8. siz / okulda		
9. o / okulda		
10. kadın / evde		
11. Kaan / aç		
12. sen / ciddi		
13. patron / kızgın		

Turkish	Your Language
Ali bir doktor**du**.	
Ali bir doktor **muydu?**	
Evet, doktordu.	
Hayır, doktor değildi.	

46.2 Ask and answer. Frage und antworte.

1. o / bir kuaför (+)   *O bir kuaför müydü? Evet, kuafördü.*
2. siz / öğrenci (-)
3. sen / okulda (-)
4. Ayşe / senin karın (+)
5. öğretmen / sınıfta (-)
6. Elvan / iyi bir öğrenci (+)
7. siz / evli (-)
8. o araba / pahalı (+)
9. sen / bekar (+)
10. bu / senin kitabın (-)
11. senin arkadaşın / aşık (+)
12. Çince öğrenmek / kolay (+)
13. siz / tatilde (-)
14. senin işin / zor (-)
15. bu / son soru (-)

Turkish		Your Language
Ali **bir doktordu**.	Ali **kimdi?**	
Ford **bir arabaydı**.	Ford **neydi?**	
Adam **işteydi**.	Adam **neredeydi?**	
Maç **dündü**.	Maç **ne zamandı?**	
Sigara **1 milyon TL'ydi**.	Sigara **kaç paraydı?**	
Murat **20 yaşındaydı**.	Murat **kaç yaşındaydı?**	

47.3 Make wh- questions. Bilde W-Fragen.

1. Hasan **benim babamdı**.   *Hasan kimdi?*
2. O dün akşam **evdeydi**.
3. Konser **geçen haftaydı**.
4. Yeşim **İngiltere'deydi**

5. Ekmek **200 bin TL**ydı. _____
6. Okul **Üsküdar'da**ydı. _____
7. **Ahmet** benim arkadaşımdı. _____
8. Parti **dündü**. _____
9. Müzik **güzel**di. _____
10. O çocuk **benim** kardeşimdi. _____

Lesson 47 : O dün akşam evdeydi.
Time Expressions • Zeiten

YESTERDAY	Your Language	LAST	Your Language
dün		geçen hafta	
dün sabah		geçen ay	
dün öğleden sonra		geçen yıl	
dün akşam		geçen bahar	
dün gece		geçen yaz	
AGO	**Your Language**	geçen sonbahar	
5 dakika önce		geçen kış	
2 saat önce		geçen Pazartesi	
3 gün önce		geçen Salı	
6 hafta önce			
4 ay önce			
1 yıl önce			

47.1 Ask and answer. Frage und antworte.
1. Suat / dün öğleden sonra / ev
   Suat dün öğleden sonra neredeydi? Evdeydi.
2. Murat / dün sabah / okul

3. sen / geçen yaz / Antalya

4. siz / dün akşam / sinema

5. senin annen / bu sabah / ev

6. sen / iki saat önce / iş

7. sen / geçen Pazar / Kadıköy

_____

8. Meral / geçen kış / Uludağ

_____

9. siz / dün gece / dışarı

_____

10. o / iki gün önce / tatil

_____

11. sen / dün saat beşte / hastane

_____

12. onlar / geçen yaz / Bodrum

_____

Lesson 48 : Onun bir arabası vardı.
Had • hatte

Turkish	Your Language
Benim bir araba**m vardı**. **Senin** bir araba**n vardı**. **Onun** bir araba**sı vardı**. Bir araba **vardı**. Arabalar **vardı**.	

var becomes **vardı**, **var mı?** becomes **var mıydı?** and **yok** becomes **yoktu** in past tense.

var wird zu **vardı**, var mı? wird zu **var mıydı?** und yok wird zu **yoktu** in der Vergangenheitsform.

48.1 Make sentences. Bilde Sätze.
1. oda / televizyon   *Odada bir televizyon vardı.*
2. park / çocuklar   _____
3. okul / öğrenciler   _____
4. benim cebim / para   _____
5. televizyon / güzel bir film _____

6. çanta / kitaplar
7. bahçe / kedi
8. balkon / çiçekler

48.2 Make sentences. Bilde Sätze.
1. biz / ev   *Bizim bir evimiz vardı.*
2. o / kardeş
3. ben / araba
4. o / çok para
5. sen / sigara
6. senin / problemler
7. siz / öğretmen
8. sen / arkadaşlar

Turkish	Your Language
Benim bir araba**m** **yoktu**.	
Senin bir araba**n** **yoktu**.	
Onun bir araba**sı** **yoktu**.	
Bizim bir araba**mız** **yoktu**.	
Sizin bir araba**nız** **yoktu**.	
Onların bir arabası **yoktu**.	
Bir araba **yoktu**.	
Hiç araba **yoktu**.	
Ali'nin bir arabası yoktu.	

48.3 Make negative sentences. Bilde negative Sätze.
1. stadyum / seyirci   *Stadyumda hiç seyirci yoktu.*
2. duvar / resim
3. çanta / kitap
4. banyo / sabun
5. dolap / süt
6. banka / para
7. ev / ekmek
8. bahçe / ağaç

48.4 Make sentences. Bilde Sätze.
1. o / ev (-)   *Onun bir evi yoktu.*
2. ben / çok problem (+)

3. biz / çok para (+)
4. onlar / araba (-)
5. parti / güzel müzik (+)
6. sen / arkadaş (-)
7. ev / bir kitaplık (+)
8. Ali / ders (-)

Turkish	Your Language
Benim bir araba**m** var **mıydı**?	
Senin bir araba**n** var **mıydı**?	
Onun bir araba**sı** var **mıydı**?	
Bizim bir araba**mız** var **mıydı**?	
Sizin bir araba**nız** var **mıydı**?	
Onların bir araba**sı** var **mıydı**?	
Bir araba **var mıydı**?	
Hiç araba **var mıydı**?	
Senin bir araban var **mıydı**?	
Evet, **vardı**.	
Hayır, **yoktu**.	
Bir araba **var mıydı**?	
Evet, **vardı**.	
Hayır, **yoktu**.	

48.5 Ask and answer. Frage und antworte.
1. sen / sigara (+)   *Senin hiç sigaran var mı? Evet, var.*
2. ev / ekmek (+)
3. o / bir kız arkadaş (-)
4. Orhan / kitaplar (+)
5. sen / fazla bir kalem (-)
6. dolap / peynir (+)
7. sofra / tuz (+)
8. sen / gazete (+)
9. o / bir bilet (-)
10. onlar / çantalar (+)
11. Mehmet / bir araba (-)
12. ofis / bilgisayar (-)

13. çay / şeker (+) _____
14. kutu / bir şey (-) _____
15. sen / bir bisiklet (+) _____

Lesson 49 : O film izliyordu.
Past Continuous Tense / Affirmative • Imperfekt / Bejahung

Turkish	Your language
O film izliyordu.	
O film izliyor muydu?	
O film izlemiyordu.	

– **yordu** – is used for **was doing**.

– **yordu** – bedeutet, etwas Vergangenes wird im Verlauf dargestellt (z.B. er sah TV, er schlief...)

Turkish	Your Language	Turkish	Your Language
geliyordu		kalıyordu	
içiyordu		çıkıyordu	
dövüyordu		doğuyordu	
gülüyordu		buluyordu	
uyuyordu			

49.1 Rewrite the verbs with appropriate suffixes. Nutze das richtige Suffix.
1. almak   *O alıyor. / O alıyordu.*
2. etmek   _____
3. anlamak _____
4. başlamak _____
5. bakmak   _____
6. bilmek   _____
7. bulmak   _____
8. dönmek   _____

9. çalışmak _____
10. düşünmek _____
11. konuşmak _____
12. okumak _____
13. ödemek _____
14. uyumak _____
15. yemek _____

49.2 Make sentences. Bilde Sätze.
1. o / şarkı söylemek   *O şarkı söylüyor. / O şarkı söylüyordu.*
2. o / dans etmek _____
3. o / yemek yemek _____
4. o / ders çalışmak _____
5. o / tenis oynamak _____
6. o / müzik dinlemek _____
7. o / çay içmek _____
8. o / kitap okumak _____
9. o / yemek pişirmek _____
10. o / uyumak _____

Turkish	Your Language
Ben film izliyordu**m**.	
Sen film izliyordu**n**.	
O film izliyordu.	
Biz film izliyordu**k**.	
Siz film izliyordu**nuz**.	
Onlar film izliyor**lar**dı.	

Personal suffixes do not change because the last vowel is always – **u** –.

Das persönliche Suffix ändert sich nicht, da der letzte Vokal immer – **u** – ist.

49.3 Rewrite the verbs with appropriate suffixes. Nutze das richtige Suffix.
1. (ben) almak   *Ben alıyorum. / Ben alıyordum.*
2. (sen) etmek _____
3. (biz) anlamak _____
4. (siz) başlamak _____
5. (onlar) bakmak _____
6. (ben) bilmek _____
7. (sen) bulmak _____
8. (biz) dönmek _____

115

9. (siz) çalışmak _____
10. (onlar) düşünmek _____
11. (ben) konuşmak _____
12. (sen) okumak _____
13. (biz) ödemek _____
14. (siz) uyumak _____
15. (onlar) yemek _____

49.4 Fill in the blanks with persons. Fülle die Lücken mit Personalpronomen.

1. *Ben* yüzüyordum.   7. _____ film izliyordum.   13. _____ balık tutuyordum.
2. _____ müzik dinliyordu. 8. _____ oynuyordunuz.   14. _____ konuşuyorduk.
3. _____ dans ediyorduk.   9. _____ resim yapıyordun. 15. _____ ödev yapıyorlardı.
4. _____ uyuyordun.   10. _____ balık tutuyordun. 16. _____ konuşuyordum.
5. _____ ders çalışıyordu. 11. _____ top oynuyordum.
6. _____ maç yapıyorlardı. 12. _____ şarkı söylüyordu.

49.5 Make sentences. Bilde Sätze.

1. ben / müzik dinlemek   *Ben müzik dinliyordum.*
2. biz / otobüs beklemek   _____
3. sen ve ben / oyun oynamak _____
4. ben / kitap okumak   _____
5. biz / çay içmek   _____
6. o / sigara içmek   _____
7. siz / ders çalışmak   _____
8. biz / film izlemek   _____
9. onlar / yemek yemek   _____
10. Aysun / müzik / dinlemek _____
11. kadın / patates / soymak _____
12. yolcular / uçak / oturmak _____
13. ben / iş / gitmek   _____
14. bebek / uyumak   _____

Lesson 50 : O film izliyor muydu?
Past Continuous Tense / Questions • Imperfekt / Fragen

Turkish	Your Language
Ben film izl**iyor muydu**m?	
Sen film izl**iyor muydu**n?	
O film izl**iyor muydu**?	
Biz film izl**iyor muydu**k?	
Siz film izl**iyor muydu**nuz?	
Onlar film izl**iyor**lar **mıydı**?	

50.1 Make sentences. Bilde Sätze.
1. o / şarkı söylemek *O şarkı söylüyor mu? / O şarkı söylüyor muydu?*
2. o / dans etmek
3. o / yemek yemek
4. o / ders çalışmak
5. o / tenis oynamak
6. o / müzik dinlemek
7. o / araba sürmek
8. o / çay içmek
9. o / kahvaltı yapmak
10. o / kitap okumak
11. o / yazı yazmak
12. o / soru sormak
13. o / kahve istemek
14. o / yemek pişirmek

50.2 Rewrite the verbs with appropriate suffixes. Nutze das richtige Suffix.
1. (ben) almak *Ben alıyor muyum? / Ben alıyor muydum?*
2. (sen) etmek
3. (biz) anlamak
4. (siz) başlamak
5. (onlar) bakmak
6. (ben) bilmek
7. (sen) bulmak
8. (biz) dönmek
9. (siz) çalışmak
10. (onlar) düşünmek
11. (ben) konuşmak
12. (sen) okumak

13. (biz) ödemek
14. (siz) uyumak
15. (onlar) yemek

50.3 Make questions. Bilde Fragen.
1. Nalan dans ediyordu.   *Fuat ve Nalan dans ediyorlar mıydı?*
2. O partiye geliyordu.
3. Can İngilizce biliyordu.
4. Siz radyo dinliyordunuz.
5. O işe gidiyordu.
6. Siz kahve içiyordunuz.
7. Haluk Bey çay istiyordu.
8. Sen futbolu seviyordun.
9. Serdar Ali'yi tanıyordu.
10. Siz tavla oynuyordunuz.
11. Sen televizyon izliyordun.
12. Şebnem derse geliyordu.
13. Sen yemek yiyordun.
14. Siz sinemaya gidiyordunuz.
15. O kahvaltı yapıyordu.

50.4 You are being questioning at the police station. Answer the question.
Du wirst auf der Polizeistation verhört. Antworte auf die Fragen.
1. Siz dün gece saat 10'da neredeydiniz? (balkon / gazete okumak)
   Ben balkondaydım. Ben gazete okuyordum.
2. Siz sabah saat 9'da neredeydiniz? (ofis / çalışmak)

3. Siz dün gece saat 11'de neredeydiniz? (ev / televizyon izlemek)

4. Siz dün öğleden sonra saat 3'te neredeydiniz? (restoran / öğle yemeği yemek)

5. Sen akşam saat 6'da neredeydin? (evde / ben / kedi beslemek)

6. Siz akşam saat 7'de neredeydiniz? (süpermarket / alışveriş yapmak)

7. Siz sabah saat 5'te neredeydiniz? (yatak / uyumak)

8. Siz akşam saat 9'da neredeydiniz? (sinema / film izlemek)

9. Siz dün sabah neredeydiniz? (park / egzersiz yapmak)

10. Sen dün öğlen neredeydin? (kafe / ben / arkadaş ile sohbet etmek)
___

50.5 Give true answer. Antworte wahrheitsgetreu.
1. Sen dün sabah saat 6'da ne yapıyordun?
___

2. Sen saat kaçta kalktın?
___

3. Sen sabah kalkınca ilk kimle konuştun?
___

4. O ne yapıyordu?
___

5. Sen kahvaltıda ne yedin?
___

6. Sen kahvaltı yaparken evdeki diğer insanlar ne yapıyordu?
___

7. Sen işe ya da okula saat kaçta gittin?
___

8. Sen eve saat kaçta döndün?
___

9. Sen dün bu saatte ne yapıyordun?
___

10. Sen dün gece saat 11'de ne yapıyordun?
___

Lesson 51 : O film izlemiyordu.
Past Continuous Tense / Negative • Imperfekt / Verneinung

Turkish	Your Language
Ben film izle**miyordu**m.	
Sen film izle**miyordu**n.	
O film izle**miyordu**.	
Biz film izle**miyordu**k.	
Siz film izle**miyordu**nuz.	
Onlar film izle**miyor**lardı.	

– **m** – is used to make verbs negative.
- **m** – wird für die Negativierung genutzt.

Turkish	Your Language	Turkish	Your Language
ge**lmiyordu**		ka**lmıyordu**	
i**çmiyordu**		çı**kmıyordu**	
dö**vmüyordu**		do**ğmuyordu**	
gü**lmüyordu**		bu**lmuyordu**	

51.1 Rewrite the verbs with appropriate suffixes. Nutze das richtige Suffix.

1. almak   *O almıyor. / O almıyordu.*
2. etmek   _____
3. anlamak   _____
4. başlamak   _____
5. bakmak   _____
6. bilmek   _____
7. bulmak   _____
8. dönmek   _____
9. çalışmak   _____
10. düşünmek   _____
11. konuşmak   _____
12. okumak   _____
13. ödemek   _____
14. uyumak   _____
15. yemek   _____

51.2 Make sentences. Bilde Sätze.
1. o / şarkı söylemek   *O şarkı söylemiyor. / O şarkı söylemiyordu.*
2. o / dans etmek
3. o / yemek yemek
4. o / ders çalışmak
5. o / tenis oynamak
6. o / müzik dinlemek
7. o / araba sürmek
8. o / çay içmek
9. o / kahvaltı yapmak
10. o / kitap okumak
11. o / yazı yazmak
12. o / soru sormak
13. o / kahve istemek
14. o / yemek pişirmek

51.3 Rewrite the verbs with appropriate suffixes. Nutze das richtige Suffix.
1. (ben) almak   *Ben almıyorum. / Ben almıyordum.*
2. (sen) etmek
3. (biz) anlamak
4. (siz) başlamak
5. (onlar) bakmak
6. (ben) bilmek
7. (sen) bulmak
8. (biz) dönmek
9. (siz) çalışmak
10. (onlar) düşünmek
11. (ben) konuşmak
12. (sen) okumak
13. (biz) ödemek
14. (siz) uyumak
15. (onlar) yemek

51.4 Make the sentences negative. Bilde negative Sätze.
1. Biz Ankara'da oturuyorduk. *Biz Ankara'da oturmuyorduk.*
2. Ben çay içmek istiyordum.
3. O okula gidiyordu.
4. Ben sigara içiyordum.
5. O alkol kullanıyordu.
6. Ben mektup yazıyordum.
7. Onlar kahvaltı yapıyorlardı.

8. Ben Ali'yi tanıyordum. _____
9. O kahvaltı yapıyordu. _____
10. Ben dişlerimi fırçalıyordum. _____
11. Ben saat 12'de yatıyordum. _____
12. Onlar kitap okuyorlardı. _____
13. Sen televizyon izliyordun. _____
14. Ben seni seviyordum. _____
15. Ben alışveriş yapıyordum. _____

Lesson 52 : O film izledi.
Past Tense / Affirmative • Vergangenheit (Aorist) / Bejahung

Turkish	Your Language
O film izle**di**.	
O film izle**di mi**?	
O film izle**medi**.	

– **di / dı / du / dü** – is also used with verbs.

– **di / dı / du / dü** – wird an Verben angehangen, um Vergangenheit auszudrücken (z.B. „hat... getan').

Turkish	Your Language	Turkish	Your Language
geldi		kaldı	
içti		çıktı	
dövdü		doğdu	
güldü		buldu	
uyudu			

> If the last letter of the is - **f / s / t / k / ç / ş / h / p**, the suffix becomes **– ti / tı / tü / tu –**.
> Ist der letzte Buchstabe ein - **f / s / t / k / ç / ş / h / p**, wandelt sich das Suffix in **– ti / tı / tü / tu –**.
>
> O kızı öp**tü**.   Çocuk sus**tu**.
> O eve gi**tti**.   O çay iç**ti**.
> Yemek piş**ti**.   O bana ba**ktı**.

52.1 Rewrite the verbs with appropriate suffixes. Nutze das richtige Suffix.

1. almak   *O alıyordu.*   *O aldı.*
2. etmek   _____   _____
3. anlamak _____   _____
4. başlamak _____   _____
5. bakmak   _____   _____
6. bilmek   _____   _____
7. bulmak   _____   _____
8. dönmek   _____   _____
9. çalışmak _____   _____
10. düşünmek _____   _____
11. konuşmak _____   _____
12. okumak _____   _____
13. ödemek _____   _____
14. uyumak _____   _____
15. yemek   _____   _____

52.2 Make sentences. Bilde Sätze.

1. o / şarkı söylemek   *O şarkı söylüyor. / O şarkı söyledi.*
2. o / dans etmek   _____
3. o / yemek yemek   _____
4. o / ders çalışmak   _____
5. o / tenis oynamak   _____
6. o / müzik dinlemek   _____
7. o / araba sürmek   _____
8. o / çay içmek   _____
9. o / kahvaltı yapmak   _____
10. o / kitap okumak   _____
11. o / yazı yazmak   _____
12. o / soru sormak   _____
13. o / kahve istemek   _____
14. o / yemek pişirmek   _____

Turkish	Your Language
Ben film izledi**m**.	
Sen film izledi**n**.	
O film izledi.	

52.3 Rewrite the verbs with appropriate suffixes. Nutze das richtige Suffix.

1. (ben) almak   *Ben alıyordum.*   *Ben aldım.*
2. (sen) etmek
3. (biz) anlamak
4. (siz) başlamak
5. (onlar) bakmak
6. (ben) bilmek
7. (sen) bulmak
8. (biz) dönmek
9. (siz) çalışmak
10. (onlar) düşünmek
11. (ben) konuşmak
12. (sen) okumak
13. (biz) ödemek
14. (siz) uyumak
15. (onlar) yemek

52.4 Fill in the blanks with persons. Fülle die Lücken mit Personalpronomen.

1. *Ben*   kitap okudum.
2. _____ radyo dinledi.
3. _____ Rusça öğrendim.
4. _____ yemek yaptın.
5. _____ dolmuş bekledi.
6. _____ bulaşık yıkadım.
7. _____ tenis oynadın.
8. _____ çok çalıştım.
9. _____ tatile çıktı.
10. _____ gitar çaldın.

52.5 Rewrite the sentences. Schreibe die Sätze um.

1. Sen Türkçe öğreniyorsun.   *Sen Türkçe öğrendin.*
2. Ben şarkı söylüyorum.
3. O işe gidiyor.
4. Ben okula başlıyorum.
5. O ölüyor.
6. Sen yemek yiyorsun.
7. Ben denizde yüzüyorum.
8. Sen alışveriş yapıyorsun.
9. O top oynuyor.
10. Ben ateş yakıyorum.

11. Biz ders çalışıyoruz.
12. Sen televizyon izliyorsun.
13. Ben araba kullanıyorum.
14. Onlar radyo dinliyorlar.
15. O okula gidiyor.

Lesson 53 : Biz film izledik.
Past Tense / Affirmative • Vergangenheit (Aorist) / Bejahung

Turkish	Your Language
Ben film izledi**m**.	
Sen film izledi**n**.	
O film izledi.	
Biz film izledi**k**.	
Siz film izle**diniz**.	
Onlar film izledi**ler**.	

53.1 Rewrite the verbs with appropriate suffixes. Nutze das richtige Suffix.
1. (ben) almak   *Ben alıyordum.*   *Ben aldım.*
2. (sen) etmek
3. (o) anlamak
4. (biz) başlamak
5. (siz) bakmak
6. (onlar) bilmek
7. (ben) bulmak
8. (sen) dönmek
9. (o) çalışmak
10. (biz) düşünmek
11. (siz) götürmek
12. (onlar) konuşmak
13. (ben) okumak
14. (sen) ödemek
15. (o) uyumak
16. (biz) yemek

53.2 Fill in the blanks with persons. Fülle die Lücken mit Personalpronomen.

1. *Ben* İstanbul'da yaşadım.
2. _____ kitap okudu.
3. _____ Türkçe öğrendik.
4. _____ beni sevdin.
5. _____ otobüs bekledim.
6. _____ müzik dinledi.
7. _____ İngilizce konuştular.
8. _____ ofiste çalıştı.
9. _____ e-mail gönderdik.
10. _____ tatile çıktınız.
11. _____ çay içmek istedik.
12. _____ İngilizce öğrendin.
13. _____ Türkçe öğrenmek istedim.
14. _____ İnternet'te çet yaptılar.
15. _____ Ebru ile dans etti.
16. _____ öğrencilere ders verdi.
17. _____ mutfakta yemek yaptık.
18. _____ İspanya'dan geldi.
19. _____ futbol oynadık.
20. _____ televizyon izlediniz, _____ de müzik dinledik.

53.3 Rewrite the sentences. Schreibe die Sätze um.

1. Sen Türkçe öğreniyorsun.   *Sen Türkçe öğrendin.*
2. Ben Pelin ile konuşuyorum. _____
3. Onlar otele gidiyorlar. _____
4. Biz ders çalışıyoruz. _____
5. Onlar bana bakıyorlar. _____
6. Bebek uyuyor. _____
7. Kadın bulaşık yıkıyor. _____
8. Aylin yemek yapıyor. _____
9. Sen ödev yapıyorsun. _____
10. Çocuklar oynuyorlar. _____
11. Sen gürültü yapıyorsun. _____
12. Biz kitap okuyoruz. _____
13. Barış ve ben konuşuyoruz. _____
14. Onlar radyo dinliyorlar. _____
15. Ben Türkçe öğreniyorum. _____

Lesson 54 : O film izledi mi?
Past Tense / Questions • Vergangenheit (Aorist) / Fragen

Turkish	Your Language
Ben televizyon izle**dim mi**?	
Sen televizyon izle**din mi**?	
O televizyon izle**di mi**?	
Biz televizyon izle**dik mi**?	
Siz televizyon izle**diniz mi**?	
Onlar televizyon izle**diler mi**?	

Turkish	Your language	Turkish	Your Language
geldi mi		kaldı mı	
içti mi		çıktı mı	
dövdü mü		doğdu mu	
güldü mü		buldu mu	

54.1 Rewrite the verbs with appropriate suffixes. Nutze das richtige Suffix.
1. almak *O alıyor muydu?* *O aldı mı?*
2. etmek
3. anlamak
4. başlamak
5. bakmak
6. bilmek
7. bulmak
8. dönmek
9. çalışmak
10. düşünmek
11. konuşmak
12. okumak
13. ödemek
14. uyumak
15. yemek

54.2 Make sentences. Bilde Sätze.
1. o / şarkı söylemek *O şarkı söylüyor mu? / O şarkı söyledi mi?*
2. o / dans etmek
3. o / yemek yemek

4. o / ders çalışmak
5. o / tenis oynamak
6. o / müzik dinlemek
7. o / araba sürmek
8. o / çay içmek
9. o / kahvaltı yapmak
10. o / kitap okumak
11. o / yazı yazmak
12. o / soru sormak
13. o / kahve istemek
14. o / yemek pişirmek

54.3 Rewrite the verbs with appropriate suffixes. Nutze das richtige Suffix.
1. (ben) almak   *Ben alıyor muydum?*   *Ben aldım mı?*
2. (sen) etmek
3. (biz) anlamak
4. (siz) başlamak
5. (onlar) bakmak
6. (ben) bilmek
7. (sen) bulmak
8. (biz) dönmek
9. (siz) çalışmak
10. (onlar) düşünmek
11. (ben) konuşmak
12. (sen) okumak
13. (biz) ödemek
14. (siz) uyumak
15. (onlar) yemek

54.4 Rewrite the questions. Stelle die Fragen um.
1. Sen futbol oynuyor musun? *Sen futbol oynadın mı?*
2. O okula gidiyor mu?
3. Sen film izliyor musun?
4. Hande yemek yapıyor mu?
5. Sen kitabı okuyor musun?
6. O dans öğreniyor mu?
7. Sen çay içiyor musun?
8. O sana yardım ediyor mu?
9. Sen tatile çıkıyor musun?
10. Siz dışarı çıkıyor musunuz?
11. Onlar yemek yiyorlar mı?

12. O eve geliyorlar mı? _____
13. Sen çay içiyor musun? _____
14. Siz ders çalışıyor musun? _____

54.5 Make questions with the words underlined. Bilde Fragen aus dem Unterstrichenen.
1. <u>Douglas</u> <u>dün akşam</u> hasta oldu.
   _____
   _____
   _____

2. <u>Emma</u> evde <u>temizlik</u> yaptı.
   _____
   _____
   _____

3. <u>Dün sabah</u> <u>okula</u> <u>dolmuşla</u> gittim.
   _____
   _____
   _____

4. <u>Ben ve Ali</u> <u>dün</u> <u>Kadıköy'de</u> <u>bir restorana</u> gittik.
   _____
   _____
   _____

5. <u>Tuna</u> <u>bu sabah</u> <u>Kadıköy'de</u> <u>Ali'yi</u> gördü.
   _____
   _____
   _____

54.6 Give <u>true</u> answers. Antworte <u>wahrheitsgetreu</u>.
Bugün ne yaptın?   _____
   _____
   _____

Dün ne yaptın?   _____
   _____
   _____
   _____

Hafta sonu ne yaptın? _____

Lesson 55 : O [partiden sonra] eve geldi.
After • nach, danach

Turkish	Your Language
O partiye gitti.	
Sonra o eve geldi.	
O [parti**den sonra**] eve geldi.	

Turkish	Your language	Turkish	Your language
evden sonra		bardan sonra	
partiden sonra		saksıdan sonra	
çölden sonra		programdan sonra	
ütüden sonra		okuldan sonra	
bundan sonra			
ondan sonra			

55.1 Rewrite with "– den / dan (ten / tan) sonra". Nutze "– den / dan (ten / tan) sonra".

1. sinema   *sinemadan sonra*
2. o _____
3. alışveriş _____
4. bar _____
5. film _____
6. öğle _____
7. yemek _____
8. bu _____
9. siz _____
10. çay _____

11. kahvaltı　_____
12. banyo　_____
13. maç　_____
14. toplantı　_____
15. tatil　_____
16. okul　_____
17. yemek　_____
18. program　_____

55.2 Combine the sentences. Kombiniere die Sätze.
1. O yemek yedi. Sonra o televizyon izledi.
   O yemekten sonra televizyon izledi.
2. Biz ders yaptık. Sonra biz çay içtik.
   _____
3. Onlar film izlediler. Sonra onlar yattılar.
   _____
4. Biz tatile çıkacağız. Sonra biz okula gideceğiz.
   _____
5. Ben işe gittim. Sonra ben dinlendim.
   _____
6. O kahvaltı yaptı. Sonra o evden çıktı.
   _____
7. Ben duş aldım. Sonra ben dışarı çıktım.
   _____
8. Biz okula gittik. Sonra biz oyun oynadık.
   _____
9. O sinemaya gidecek. Sonra o Ayhan ile buluşacak.
   _____
10. Ben tiyatroya gideceğim. Sonra ben eve geleceğim.
    _____

Lesson 56 : O [filmden önce] yemek yedi.
Before • vor, davor

Turkish	Your Language
O yemek yedi. Sonra o film izledi.	
O [film**den önce**] yemek yedi.	

Turkish	Your Language	Turkish	Your Language
ev**den önce**		paz**ardan önce**	
part**iden önce**		çarş**ıdan önce**	
çö**lden önce**		progr**amdan önce**	
üt**üden önce**		ok**uldan önce**	
bu**ndan önce**			
o**ndan önce**			

56.1 Rewrite with "– den / dan (ten / tan) önce". Nutze "– den / dan (ten / tan) önce".

1. sinema *sinemadan önce*
2. o _____
3. alışveriş _____
4. bar _____
5. film _____
6. öğle _____
7. yemek _____
8. bu _____
9. siz _____
10. çay _____
11. kahvaltı _____
12. banyo _____
13. maç _____
14. toplantı _____
15. tatil _____
16. okul _____
17. ders _____
18. program _____

56.2 Combine the sentences. Kombiniere die Sätze.

1. O televizyon izledi. Sonra o yemek yedi.
   O yemekten önce televizyon izledi.
2. Biz önce çay içtik. Sonra biz ders yaptık.
   _____
3. Ben önce sinemaya gittim. Sonra ben yemek yedim.
   _____
4. O önce bara gitti. Sonra o bir partiye gitti.
   _____
5. Biz önce ders çalıştık. Sonra biz sınava girdik.
   _____
6. Onlar önce futbol oynadılar. Sonra onlar duş aldılar.
   _____
7. Ben önce dolmuşa bindim. Sonra ben otobüse bindim.
   _____
8. Biz önce müzik dinledik. Sonra biz dans ettik.
   _____
9. O önce çorba içti. Sonra o kebap yedi.
   _____
10. Ben önce bakkala gittim. Sonra ben manava gittim.
    _____

Lesson 57 : O [sabaha kadar] ders çalıştı.
Until • bis

Turkish	Your Language
O ders çalıştı.	
O sabah ders çalışmayı bitirdi.	
O [sabaha **kadar**] ders çalıştı.	

Turkish	Your Language	Turkish	Your Language
Perşembeye kadar		sabaha kadar	
Ekime kadar		kışa kadar	
düne kadar		Temmuza kadar	
		saat ona kadar	

57.1 Rewrite with "– (y) e / a kadar". Nutze "– (y) e / a kadar".

1. geçen yıl   *geçen yıla kadar*
2. bugün
3. gelecek ay
4. filmin sonu
5. Temmuz
6. öğle
7. yarın sabah
8. Pazar günü
9. Eylül
10. gece yarısı

57.2 Rewrite the sentences. Schreibe die Sätze um.

1. Ben yemek yaptım. (saat 5)
   Ben saat 5'e kadar yemek yaptım.
2. Onlar futbol oynadılar. (akşam)

3. Biz tatil yaptık. (hafta sonu)

4. O çalıştı. (sabah)

5. Biz burada kalacağız. (gelecek ay)

6. Onlar ders çalıştılar. (gece yarısı)

7. Ben bu kitabı bitireceğim. (yarın)

8. Biz okula gideceğiz. (Haziran)

9. Kaan ve Hande evlenecekler. (Mayıs)

10. Ben onu tanımıyordum. (dün)

Lesson 58 : O film izlemedi.
Past Tense / Negative • Vergangenheit (Aorist) / Verneinung

Turkish	Your Language
Ben film izle**medi**m.	
Sen film izle**medi**n.	
O film izle**medi**.	
Biz film izle**medi**k.	
Siz film izle**medi**niz.	
Onlar film izle**medi**ler.	

- **me / ma** – makes the verb negative.
Durch - **me / ma** – wird das Verb negativ gemacht.

Turkish	Your Language	Turkish	Your Language
gel**medi**		k<u>a</u>l**madı**	
i̇ç**medi**		ç<u>ı</u>k**madı**	
d<u>ö</u>v**medi**		d<u>o</u>ğ**madı**	
g<u>ü</u>l**medi**		b<u>u</u>l**madı**	

58.1 Rewrite the verbs with appropriate suffixes. Nutze das richtige Suffix.
1. almak *O almıyordu.* *O almadı.*
2. etmek
3. anlamak
4. başlamak
5. bakmak
6. bilmek
7. bulmak
8. dönmek
9. çalışmak
10. düşünmek
11. konuşmak
12. okumak
13. ödemek
14. uyumak
15. yemek

58.2 Make sentences. Bilde Sätze.
1. o / şarkı söylemek   *O şarkı söylemiyor. / O şarkı söylemedi.*
2. o / dans etmek
3. o / yemek yemek
4. o / ders çalışmak
5. o / tenis oynamak
6. o / müzik dinlemek
7. o / araba sürmek
8. o / çay içmek
9. o / kahvaltı yapmak
10. o / kitap okumak
11. o / yazı yazmak
12. o / soru sormak
13. o / kahve istemek
14. o / yemek pişirmek

58.3 Rewrite the verbs with appropriate suffixes. Nutze das richtige Suffix.
1. (ben) almak   *Ben almıyordum.*   *Ben almadım.*
2. (sen) etmek
3. (biz) anlamak
4. (siz) başlamak
5. (onlar) bakmak
6. (ben) bilmek
7. (sen) bulmak
8. (biz) dönmek
9. (siz) çalışmak
10. (onlar) düşünmek
11. (ben) konuşmak
12. (sen) okumak
13. (biz) ödemek
14. (siz) uyumak
15. (onlar) yemek

58.4 Make negative sentences. Bilde negative Sätze.
1. Biz Ankara'da oturduk.   *Biz Ankara'da oturmadık.*
2. O okula gitmek istedi.
3. Ben işe otobüsle gittim.
4. Ben sigara içtim.
5. O alkol aldı.
6. Biz rakı içtik.
7. Ben mektup yazdım.

8. O sabah kahvaltı yaptı.
9. Babam banyoda tıraş oldu.
10. Ben dişlerimi fırçaladım.
11. Biz sinemaya gittik.
12. O kitap okudu.
13. Sen televizyon izledin.
14. Ben çarşıda alışveriş yaptım.

Turkish	Your Language
O kitap okudu.	
O kitap okudu mu?	
Evet, okudu.	
Hayır, okumadı.	

58.5 What did you do last week? Give <u>true</u> answers. Was hast Du letzte Woche getan?
1. Sen futbol oynadın mı?   *Evet, oynadım. / Hayır, oynamadım.*
2. Sen televizyon izledin mi?
3. Sen yemek yedin mi?
4. Sen sinemaya gittin mi?
5. Sen oyun oynadın mı?
6. Sen bara gittin mi?
7. Sen erken kalktın mı?
8. Sen kitap okudun mu?
9. Sen hasta oldun mu?
10. Sen ders çalıştın mı?

Lesson 59 : O dün akşam film izledi.
Time Expressions • Zeiten

YESTERDAY	Your Language	LAST	Your Language
dün dün sabah dün öğleden sonra dün akşam dün gece		geçen hafta geçen ay geçen yıl geçen bahar geçen yaz geçen sonbahar geçen kış geçen Pazartesi geçen Salı	
AGO	**Your Language**		
5 dakika önce 2 saat önce 3 gün önce 6 hafta önce 4 ay önce 1 yıl önce			

59.1 Fill in the blanks with "dün" ya da "geçen". Fülle die Lücken mit "dün" ya da "geçen".

1. Derya *geçen* hafta sınıfta değildi.
2. Ben _____ sabah işteydim.
3. İki öğrenci _____ Cuma okulda değillerdi.
4. Arzu _____ akşam evde değildi.
5. Gül _____ gece evde değildi.
6. Ben _____ ay amcamı ziyaret ettim.
7. Ben _____ gece erken yattım.
8. Sibel _____ öğleden sonra eve taksiyle gitti.
9. Biz _____ gece televizyon izledik.
10. Yasemin _____ yaz tatile gitti.

59.2 Fill in the blanks according to you. Fülle die Lücken mit persönlichen Angaben.

1. Ben şu anda sınıftayım, ama *iki saat önce* evdeydim.
2. Ben bugün sınıftayım, ama _____ sınıfta yoktum.
3. Ben şu anda İstanbul'dayım, ama _____ Ankara'daydım.
4. Ben _____ lisedeydim.
5. Ben _____ tatildeydim.
6. Ben İstanbul'a _____ geldim.
7. Ben _____ yemek yedim.
8. Ben _____ bu kitabı aldım.

9. Ben _____ evde yataktaydım.
10. _____ yağmur yağdı.

Turkish	Your Language
İlk (defa) ne zaman rakı içtin?	
En son ne zaman rakı içtin?	

Turkish	Your Language
saat 7'de	
sabah(leyin)	
öğleden sonra	
akşam(leyin)	
Pazar günü	
Pazar sabahı	
Pazar öğleden sonra	
Pazar akşamı	
Eylül'de	
hafta sonu	
yazın	
kışın	
ilkbaharda	
sonbaharda	
1995'te	
2000'de	

59.3 Give true answers. Antworte wahrheitsgetreu.
1. Sen en son ne zaman tatil yaptın? _____
2. Sen en son ne zaman alışverişe gittin? _____
3. Sen en son ne zaman birini öptün? _____
4. Sen en son ne zaman fotoğraf çektin? _____
5. Sen en son ne zaman bir partiye gittin? _____
6. Sen en son ne zaman bir şey kaybettin? _____
7. Sen en son ne zaman sarhoş oldun? _____
8. Sen en son ne zaman bir hediye aldın? _____
9. Sen en son ne zaman bir hediye verdin? _____
10. Sen en son ne zaman sinemaya gittin? _____

Lesson 60 : O henüz gelmedi mi? Demin geldi.
Ever & Yet & Just •jemals & schon jetzt & jetzt gerade

Turkish	Your Language
Sen **hiç** Çin yemeği yedin mi?	
Hayır, ben **hiç** Çin yemeği yemedim.	

hiç means **ever** and **never**.   **hiç** bedeutet **jemals** und **niemals**.

60.1 Make questions with "Sen hiç . . . ?". Bilde Fragen mit "Sen hiç . . . ?".
1. Çin yemeği yemek   *Sen hiç Çin yemeği yedin mi?*
2. kaza yapmak
3. aşık olmak
4. uykuda yürümek
5. ata binmek
6. rakı içmek
7. sarhoş olmak
8. otostop yapmak
9. Hindistan'a gitmek
10. hayalet görmek

Turkish	Your Language
Sen **hiç** Çin yemeği yedin mi?	
Sen **kaç kere** / **kez** Çin yemeği yedin?	
Ben **bir kere** / **kez** Çin yemeği yedim.	
Ben **iki kere** / **kez** Çin yemeği yedim.	
Ben **üç kere** / **kez** Çin yemeği yedim.	
Ben **birkaç kere** Çin yemeği yedim.	
Ben **pek çok kez** Çin yemeği yedim.	

Turkish	Your Language
Sen **daha** kitabı okumadın **mı**?	
Ben **demin** okudum.	
Ben **az önce** okudum.	
Ben **yeni** okudum.	

> **henüz** or **daha** means **yet** is used in negative sentences and questions.
>
> **henüz** oder **daha** bedeutet **schon jetzt, noch nicht** und wird in negativen Sätzen benutzt.

60.2 Ask with "henüz / daha" and answer with "demin / az önce / yeni".
Frage mit "henüz / daha" und antworte mit "demin / az önce / yeni".

1. sen / yemek yemek   *"Sen daha yemek yemedin mi?" "Demin yedim."*
2. sen / işini bitirmek   _____
3. o / işe gitmek   _____
4. sen / yemek pişirmek _____
5. sen / duş almak   _____
6. siz / çay içmek   _____
7. bebek / yumak   _____
8. sen / ödev yapmak   _____
9. siz / kahve yapmak   _____
10. o / eve gelmek   _____

Lesson 61 : Ben filmi izledim.
Definite Suffix • Bestimmtheit, Unbestimmtheit

Turkish	Your Language
O **bir** film izledi.	
O film**i** izledi.	
O **bir** otobüs kaçırdı.	
O otobüs**ü** kaçırdı.	
Kita**p** çok ilginçti.	

Definite suffix – (y) i / ı / ü / u (the) is used for definite nouns. It is only used with the object of the sentences, not the subject.

Das Akkusativsuffix – (y) i / ı / ü / u wird an das Substantiv (bestimmt) angefügt.

Turkish	Your Language	Turkish	Your Language
evi		adamı	
kilimi		kadını	
gölü		topu	
gülü		bulutu	
kapıyı			

Eylemler

açmak	dinlemek	kaldırmak	tamir etmek	söndürmek
almak	giymek	kaybetmek	öldürmek	sürmek
aramak	içmek	kazanmak	bitirmek	temizlemek
bozmak	istemek	kesmek	saymak	vermek
çekmek	izlemek	kırmak	soymak	yıkamak

61.1 Make sentences. Bilde Sätze.

1. şişe açmak   *O bir şişe açtı. / O şişeyi açtı.*
2. kitap okumak
3. araba almak
4. fotoğraf çekmek
5. şarkı dinlemek
6. gömlek giymek
7. su içmek
8. film izlemek
9. ekmek kesmek
10. tabak kırmak
11. elma soymak
12. araba sürmek
13. halı temizlemek
14. hediye vermek
15. araba yıkamak

Turkish	Your Language	Turkish	Your Language
Ben		beni	
Sen		seni	
O		onu	
O		onu	
O		onu	
Biz		bizi	
Siz		sizi	
Onlar		onları	
bu		bunu	
şu		şunu	
bunlar		bunları	
şunlar		şunları	

61.2 Rewrite the sentences. Schreibe die Sätze um.

1. Sen *ben* seviyorsun.   *Sen beni seviyorsun.*
2. Ben *bu* istiyorum.   _____
3. Sen *o* istiyor musun?   _____
4. O *biz* görmek istiyor.   _____
5. Ben *sen* bekliyorum.   _____
6. Biz *bunlar* almak istiyoruz.   _____
7. Ben *siz* anladım.   _____

Turkish	Your Language
O bir film izledi.	
O film**i** izledi.	
O bir Türk filmi izledi.	
O Türk film**ini** izledi.	

If it is a compound noun then the suffix becomes – **ni / nı / nü / nu**.

Bei einem zusammengesetzten Substantiv wird das Suffix – **ni / nı / nü / nu** eingeschoben.

61.3 Answer the questions. Beantworte die Fragen.

1. O ne okuyor? (aşk romanı)   *O bir aşk romanı okuyor.*
2. O neyi okuyor? (aşk romanı)   *O aşk romanını okuyor.*
3. O ne istiyor? (kül tablası)   _____
4. O neyi istiyor? (kül tablası)   _____
5. O ne içiyor? (Türk kahvesi)   _____
6. O neyi içiyor? (Türk kahvesi)   _____
7. O ne izliyor? (Türk filmi)   _____
8. O neyi izliyor? (Türk filmi)   _____
9. O kimi tanıyor? (Türkçe öğretmeni) _____
10. O kimi tanıyor? (onun kız kardeşi) _____
11. O ne izliyor? (futbol maçı)   _____
12. O neyi izliyor? (futbol maçı)   _____

Lesson 62 : O çok hızlı koştu.
Adverbs • Adverbien

Turkish	Your Language
O futbol oynuyor.	
O **nasıl** oynuyor?	
O **iyi** oynuyor.	
O **nasıl futbol** oynuyor?	
O **iyi futbol** oynuyor.	
O Türkçe konuşuyor.	
O **nasıl** konuşuyor?	
O **az** konuşuyor.	
O **nasıl Türkçe** konuşuyor?	
O **az Türkçe** konuşuyor.	

Adjectives are also used for adverbs (slowly, quickly) in Turkish.
Im Türkischen werden Adjektive als Adverbien genutzt.

62.1 Answer the questions. Beantworte die Fragen.
1. O nasıl oynuyor? (iyi) *O iyi oynuyor.*
2. O nasıl konuşuyor? (akıcı) _____
3. O nasıl sürüyor? (dikkatli) _____
4. O nasıl yazıyor? (yavaş) _____
5. O nasıl konuşuyor? (az) _____
6. O nasıl koşuyor? (hızlı) _____
7. O nasıl çalışıyor? (çok) _____
8. O nasıl uyuyor? (sessizce) _____
9. O nasıl çiziyor? (güzel) _____
10. O nasıl okuyor? (içinden) _____

Turkish	Your Language
O futbol oynuyor.	
O futbol**u** nasıl oynuyor?	
O futbol**u iyi** oynuyor.	
O Türkçe konuşuyor.	
O Türkçe'**yi** nasıl konuşuyor?	
O Türkçe'**yi az** konuşuyor.	

62.2 Answer the questions. Beantworte die Fragen.
1. O futbolu nasıl oynuyor? (iyi) *O futbolu iyi oynuyor.*
2. O Türkçe'yi nasıl konuşuyor? (kötü) _____
3. O yemeği nasıl yiyor? (hızlı) _____
4. O arabayı nasıl sürüyor? (yavaş) _____
5. O tenisi nasıl oynuyor? (kötü) _____
6. O bisikleti nasıl sürüyor? (dikkatli) _____

Turkish	Your Language
O okula gidiyor.	
O okula **nasıl / neyle** gidiyor?	
O okul**a otobüsle** (ile) gidiyor.	
O kapıyı açtı.	
O kapıyı **neyle** açtı?	
O kapıyı **bir anahtarla** (ile) açtı.	

62.3 Answer the questions. Beantworte die Fragen.
1. O neyle kapıyı açtı? (anahtar)   *O anahtarla kapıyı açtı.*
2. O neyle işe gidiyor? (otobüs)   _____
3. O neyle yemek yiyor? (çatal bıçak)   _____
4. O neyle yazı yazıyor? (kalem)   _____
5. O neyle tatile çıkıyor? (araba)   _____
6. O neyle yemek yaptı? (tencere)   _____
7. O neyle çamaşır yıkıyor? (deterjan)   _____
8. O neyle okula gidiyor? (tren)   _____
9. O neyle uçak yaptı? (kağıt)   _____
10. O neyle resim yapıyor? (fırça)   _____

62.4 Answer the questions. Beantworte die Fragen.
1. O kapıyı neyle açtı? (anahtar)   *O kapıyı anahtarla açtı.*
2. O işe neyle gidiyor? (otobüs)   _____
3. O yemeği neyle yiyor? (çatal bıçak)   _____
4. O yazıyı neyle yazıyor? (kalem)   _____
5. O tatile neyle çıkıyor? (araba)   _____
6. O yemeği neyle yaptı? (tencere)   _____
7. O çamaşırı neyle yıkıyor? (sabun)   _____
8. O okula neyle gidiyor? (tren)   _____
9. O uçağı neyle yaptı? (kağıt)   _____
10. O resmi neyle yapıyor? (fırça)   _____

Lesson 63 : O [eve gelince] yemek yedi.
When • als, wann, wenn

Turkish	Your Language
O eve geldi.	
O zaman o yemek yedi.	
O [eve gel**ince**] yemek yedi.	

– **ince** / **ınca** / **ünce** / **unca** is used for **when**.

Turkish	Your Language	Turkish	Your Language
gelince		kalınca	
içince		çıkınca	
dövünce		doğunca	
gülünce		bulunca	
uyuyunca			

Turkish	Your Language
O eve gel**meyince** otelde kalıyor.	
O kahvaltı yap**mayınca** çay içiyor.	

63.1 Rewrite the verbs with appropriate suffixes. Nutze das richtige Suffix.

1. almak   *O alınca / almayınca...*
2. etmek
3. anlamak
4. başlamak
5. bakmak
6. bilmek
7. bulmak
8. dönmek
9. çalışmak
10. düşünmek
11. konuşmak
12. okumak
13. ödemek
14. uyumak
15. yemek

63.2 Combine the sentences. Kombiniere die Sätze.

1. Ben kalktım. O zaman ben banyoya gittim.
   Ben kalkınca banyoya gittim.
2. Sen işe gittin. O zaman sen çay içtin.

3. Biz diskoya gittik. O zaman biz çok eğlendik.

4. Onlar eve geldiler. O zaman onlar dinlendiler.

5. Ben pencereyi açtım. O zaman ben temiz hava aldım.

6. Ben dışarı çıktım. O zaman ben otobüse bindim.
   _____

7. Siz beni gördünüz. O zaman siz benimle konuştunuz.
   _____

8. Onlar tatile çıktılar. O zaman onlar çok dinlendiler.
   _____

9. Ben dışarı çıktım. O zaman yağmur yağdı.
   _____

10. Ben rakı içtim. O zaman ben sarhoş oldum.
    _____

Lesson 64 : O "Ben film izledim," dedi.
Reporting I • Direkte Rede

Turkish	Your Language
Ali, "Ben film izledim," **dedi**.	
Ali **bana** "Ben bir film izledim," dedi.	
Ali Can'**a** "Ben bir film izledim," dedi.	

demek (... ded / diyor) is used for direct reporting.
demek (... ded / diyor) wird in direkter Rede verwendet.

64.1 Report these sentences. Schreibe in direkter Rede.
1. Ali: Ben bir doktorum.   *Ali "Ben bir doktorum," dedi.*
2. Ayşe: O benim kocam.   _____
3. Orhan: Ben eve gidiyorum.   _____
4. Aysel: Biz sinemaya gittik.   _____
5. Metin: O işe gitti.   _____
6. Babam: Saat beşte eve gel.   _____
7. Berna: Seni seviyorum.   _____
8. Öğretmen: Kitapları açın.   _____
9. Selma Hanım: Günaydın.   _____
10. Adam: Biz maça gidiyoruz.   _____

Turkish	Your Language
Ali, "Türkçe biliyor musun," **diye sordu**.	
Ali bana "Türkçe biliyor musun," diye sordu.	
Ali Can'**a** "Türkçe biliyor musun," diye sordu.	

64.2 Report these questions. Schreibe in direkter Rede.
1. Suat: Eve gidelim mi?   *Suat "Eve gidelim mi," diye sordu.*
2. Başak: Beni seviyor musun?
3. Kerem: Nereye gideceğiz?
4. Tülin: Bugün ne yiyoruz?
5. Can: Çay içmek ister misin?
6. Okan: Dans edelim mi?
7. Adam: Ali Bey evde mi?
8. Kız: Ne zaman gideceğiz?
9. Gaye: Borç verebilir misin?
10. Adam: Yemek pişti mi?

Lesson 65 : Yukarı çıkma, aşağı in.

65.1 Make sentences. Bilde Sätze.
1. adam / yukarı / çıkmak   *Adam yukarı çıktı.*
2. biz / içeri / girmek
3. onlar / geri / dönmek
4. asansör / yukarı / çıkmak
5. ben / dışarı / çıkmak
6. o / aşağı / inmek
7. çocuklar / dışarı / koşmak
8. ben / aşağı / inmek
9. onlar / yukarı / çıkmak
10. araba / geri / gelmek

- (y) e / a	- de / da		- den / dan
dışarı(ya) çıkmak	içeride oturmak	aşağıda oturmak	içeriden çıkmak
dışarı(ya) bırakmak	içeride beklemek	aşağıda beklemek	içeriden gelmek
geri(ye) dönmek	içeride durmak	aşağıda durmak	dışarıdan gelmek
karşıya geçmek	dışarıda oturmak	yukarıda oturmak	aşağıdan gelmek
	dışarıda beklemek	yukarıda beklemek	yukarıdan gelmek
	dışarıda durmak	yukarıda durmak	
	ileride durmak	karşıda oturmak	
	ileride beklemek	karşıda beklemek	
	ileride durmak	karşıda durmak	

65.2 Make sentences. Bilde Sätze.

1. ben / araba / dışarı / bırakmak   *Ben arabayı dışarıya bıraktım.*
2. o / dışarı / oturmak   ___
3. çocuklar / ben / aşağı / beklemek   ___
4. ses / dışarı / gelmek   ___
5. araba / ileri / durmak   ___
6. adamlar / o / içeri / beklemek   ___
7. öğrenciler / koşmak / dışarı / çıkmak ___
8. biz / karşı / geçmek   ___
9. o / bisiklet / dışarı / bırakmak   ___
10. adam / karşı / beklemek   ___

Lesson 66 : O [yürüyerek] eve gitti.
By doing • indem

Turkish	Your Language
Biz gülüyorduk.	
Biz caddede yürüyorduk.	
Biz [**gülerek**] caddede yürüyorduk.	

66.1 Rewrite the verbs with appropriate suffixes. Nutze das richtige Suffix.

1. almak   *alarak*
2. etmek   ___
3. anlamak   ___

4. başlamak _____
5. bakmak _____
6. bilmek _____
7. bulmak _____
8. dönmek _____
9. çalışmak _____
10. düşünmek _____
11. konuşmak _____
12. okumak _____
13. ödemek _____
14. uyumak _____
15. yemek _____

66.2 Rewrite the sentences. Schreibe die Sätze um.
1. Adam bağırdı ve dışarı çıktı.
   Adam bağırarak dışarı çıktı.
2. Çocuk ağladı ve konuştu.
   _____
3. Kız müzik dinledi ve ders çalıştı.
   _____
4. Çocuklar televizyon izliyorlar ve yemek yiyorlar.
   _____
5. Köpekler havlıyorlar ve koşuyorlar.
   _____
6. Benim annem şarkı söylüyor ve çamaşır yıkıyor.
   _____
7. Deniz müzik dinliyor ve ders çalışıyor.
   _____
8. Ali bira içiyor ve maç izliyor.
   _____
9. Ben yürüdüm ve eve gittim.
   _____
10. Biz koştuk ve dışarı çıktık.
    _____

Lesson 67 : O [eve gidip] film izledi.
And • und

Turkish	Your Language
O eve gitti **ve** film izledi.	
O [eve gid**ip**] film izledi.	

- (y) **ip** / **ıp** / **üp** / **up** is used for **and** between two verbs.
- (y) **ip** / **ıp** / **üp** / **up** wird anstelle von **und** benutzt.

Turkish	Your Language	Turkish	Your Language
gel**ip**		kal**ıp**	
iç**ip**		çık**ıp**	
döv**üp**		doğ**up**	
gül**üp**		bul**up**	

67.1 Make sentences. Bilde Sätze.
1. oturmak / ağlamak — *oturup ağlamak*
2. gitmek / çalışmak
3. eve gitmek / dinlenmek
4. ilaç içmek / iyileşmek
5. oturmak / dinlenmek
6. kilo almak / şişmanlamak
7. yatmak / uyumak
8. denize girmek / yüzmek
9. diyet yapmak / zayıflamak
10. arabaya binmek / gitmek

67.2 Rewrite the sentences. Schreibe die Sätze um.
1. O döndü ve gitti. — *O dönüp gitti.*
2. O odaya girdi ve oturdu.
3. O oturdu ve çay içti.
4. O bana sarıldı ve öptü.
5. O adama çarptı ve kaçtı.
6. O kapıyı açtı ve içeri baktı.
7. O ekmek aldı ve eve geldi.

8. O gözlüğü aradı ve buldu. _____
9. O çalıştı ve para kazandı. _____
10. O rakı içti ve sarhoş oldu. _____

67.3 Combine the sentences. Kombiniere die Sätze.
1. O sinemaya gitti. Bir film izledi.
   O sinemaya gidip bir film izledi.
2. Ben çarşıya gittim ve alışveriş yaptım.
   _____
3. O bana mektup yazdı ve teşekkür etti.
   _____
4. Biz lokantaya gittik ve yemek yedik.
   _____
5. Ben evde kaldım ve ders çalıştım.
   _____
6. O saat 5'te geldi ve fotoğrafları getirdi.
   _____
7. O eve gitti ve dinlendi.
   _____
8. Ben yattım ve uyudum.
   _____
9. Yolun sonuna kadar git ve sola dön.
   _____
10. Ayhan Antalya gitti ve tatil yaptı.
    _____

Lesson 68 : O [tatildeyken] denize gitti.
While • während

Turkish	Your Language
O tatilde**ydi**. O zaman, o denizde yüzdü.	
O [tatilde**yken**] denizde yüzdü.	

- **(y)ken** is used for **while + to be.**
- (y)ken bedeutet **während + sein.**

68.1 Rewrite the expressions. Schreibe um.
1. işte   *O işteydi / O işteyken...*
2. öğretmen   _____
3. asker   _____
4. okulda   _____
5. evde   _____
6. küçük   _____
7. patron   _____
8. genç   _____
9. 10 yaşında _____
10. tatilde   _____
11. genç   _____
12. Çin'de   _____
13. denizde   _____
14. maçta   _____
15. dışarıda   _____
16. çocuk   _____
17. lisede   _____
18. derste   _____
19. otelde   _____
20. öğrenci   _____

68.2 Combine the sentences. Kombiniere die Sätze.
1. Ben tatildeydim. O zaman ben yüzdüm.
   Ben tatildeyken yüzdüm.
2. O kütüphanedeydi. O zaman o kitap okudu.

3. Biz evdeydik. O zaman biz yemek yaptık.

4. Onlar okuldalar. O zaman onlar ders çalıştılar.

5. Sen kurstasın. O zaman sen Türkçe öğreniyorsun.

6. Ben askerdeydim. O zaman ben eğitim yaptım.

7. O Çin'deydi. O zaman o Çin Seddi'ni gördü.

8. Biz yoldaydık. O zaman biz kaza yaptık.

9. O öğrenciydi. O zaman o çok ders çalıştı.
_____

10. Ben lisedeydim. O zaman ben aşık oldum.
_____

Lesson 69 : O yüzmeye gitti.
Verb groups • Verbgruppen

Turkish	Your Language
O Türkçe öğren**meye** gitti.	
O Türkçe öğren**meye** başladı.	
O Türkçe öğren**meye** devam etti.	
O Türkçe öğren**meye** karar verdi.	
O**nun** Türkçe öğren**meye** itiyacı var.	

69.1 Rewrite the verbs with appropriate suffixes. Nutze das richtige Suffix.

1. almak   *almaya*
2. etmek   _____
3. anlamak   _____
4. başlamak   _____
5. bakmak   _____
6. bilmek   _____
7. bulmak   _____
8. dönmek   _____
9. çalışmak   _____
10. düşünmek _____
11. konuşmak _____
12. okumak   _____
13. ödemek   _____
14. uyumak   _____
15. yemek   _____

69.2 Make sentences. Bilde Sätze.
1. ben / kalmak / karar vermek   *Ben kalmaya karar verdim.*
2. o / yüzmek / gitmek
3. onlar / konuşmak / başlamak
4. biz / çalışmak / devam etmek
5. sen / para kazanmak / ihtiyaç
6. o / çalışmak / gitmek
7. ben / çay içmek / ihtiyaç
8. onlar / oynamak / devam etmek
9. ben / uyumak / karar vermek
10. o / ders almak / başlamak

Turkish	Your Language
O yüzmek**ten** hoşlanıyor.	
O yüzmek**ten** nefret ediyor.	
O yüzmek**ten** zevk alıyor.	
O yüzmek**ten** vazgeçti.	
O yüzmek**ten** korkuyor.	

69.3 Rewrite the verbs with appropriate suffixes. Nutze das richtige Suffix.
1. almak   *almaktan*
2. etmek
3. anlamak
4. başlamak
5. bakmak
6. bilmek
7. bulmak
8. dönmek
9. çalışmak
10. düşünmek
11. konuşmak
12. okumak
13. ödemek
14. uyumak
15. yemek

69.4 Make sentences. Bilde Sätze.
1. ben / şarkı söylemek / hoşlanmak   *Ben şarkı söylemekten hoşlanıyorum.*
2. o / dans etmek / zevk almak
3. onlar / ağaca çıkmak / korkmak

4. ben / çalışmak / nefret etmek _____
5. onlar / araba almak / vazgeçmek _____
6. sen / kitap okumak / nefret etmek _____
7. ben / rakı içmek / zevk almak _____
8. ben / beklemek / nefret etmek _____
9. onlar / dans etmek / hoşlanmak _____
10. o / ders çalışmak / nefret etmek _____

Lesson 70 : O film izleyecek.
Future Tense / Affirmative • Futur / Bejahung

Turkish	Your Language
O film izle**yecek**.	
O film izle**yecek mi**?	
O film izle**meyecek**.	

– **(y)ecek / acak** is used for future tense (will, be going to).

Mit – **(y)ecek / acak** wird die Zukunft ausgedrückt.

Turkish	Your Language	Turkish	Your Language
gelecek		kalacak	
içecek		çıkacak	
dövecek		doğacak	
gülecek		bulacak	
uyuyacak			

70.1 Rewrite the verbs with appropriate suffixes. Nutze das richtige Suffix.
1. almak   *O alıyor.*   *O aldı.*   *O alacak.*
2. etmek   _____
3. anlamak   _____
4. başlamak   _____
5. bakmak   _____
6. bilmek   _____

7. bulmak
8. dönmek
9. çalışmak
10. düşünmek
11. konuşmak
12. okumak
13. ödemek
14. uyumak
15. yemek

70.2 Make sentences. Bilde Sätze.
1. o / şarkı söylemek   *O şarkı söylüyor. / O şarkı söyledi./ O şarkı söyleyecek.*
2. o / dans etmek
3. o / yemek yemek
4. o / ders çalışmak
5. o / tenis oynamak
6. o / müzik dinlemek
7. o / araba sürmek
8. o / çay içmek
9. o / kahvaltı yapmak
10. o / kitap okumak

Turkish	Your Language
Ben film izleyec<u>eğ</u>im.	
Sen film izleyec<u>e</u>ksin.	
O film izleyecek.	
Ben yemek yapac<u>ağ</u>ım.	
Sen yemek yapac<u>a</u>ksın.	
O yemek yapacak.	

70.3 Rewrite the verbs with appropriate suffixes. Nutze das richtige Suffix.
1. (ben) almak   *Ben alıyorum.   Ben aldım.   Ben alacağım.*
2. (sen) etmek
3. (biz) anlamak
4. (siz) başlamak
5. (onlar) bakmak
6. (ben) bilmek
7. (sen) bulmak
8. (biz) dönmek
9. (siz) çalışmak
10. (onlar) düşünmek

11. (ben) konuşmak　_____
12. (sen) okumak　_____
13. (biz) ödemek　_____
14. (siz) uyumak　_____
15. (onlar) yemek　_____

70.4 Fill in the blanks with persons. Fülle die Lücken mit Personalpronomen.

1. *Ben*　tatil yapacağım.
2. _____ bir ev alacak.
3. _____ eve gideceğim.
4. _____ film izleyeceksin.
5. _____ dans edecek.
6. _____ kahvaltı yapacaksın.
7. _____ mektup göndereceğim.
8. _____ alışveriş yapacak.
9. _____ sohbet edeceksin.
10. _____ su içeceğim.

70.5 Make sentences. Bilde Sätze.

1. ben / bugün / alışverişe gitmek　　*Ben alışverişe gideceğim.*
2. o / bu akşam / ödev yapacak
3. sen / yarın / çalışmak
4. ben / bu gece / geç yatmak
5. o / yarın / erken kalkmak
6. sen / şimdi / oyun oynamak
7. ben / biraz sonra / yemek yemek
8. o / Cuma günü / bir araba almak
9. Seda / yarın sabah / iş aramak
10. ben / tatilde / dinlenmek

Lesson 71 : Biz film izleyeceğiz.
Future Tense / Affirmative • Futur / Bejahung

Turkish	Your Language
Ben film izleyec**eğim**.	
Sen film izleyec**eksin**.	
O film izleyec**ek**.	
Biz film izleyec**eğiz**.	
Siz film izleyec**eksiniz**.	
Onlar film izleyec**ekler**.	

Turkish	Your Language
Ben yemek yapac**ağım**.	
Sen yemek yapac**aksın**.	
O yemek yapac**ak**.	
Biz yemek yapac**ağız**.	
Siz yemek yapac**aksınız**.	
Onlar yemek yapac**aklar**.	

71.1 Rewrite the verbs with appropriate suffixes. Nutze das richtige Suffix.
1. (ben) almak   *Ben alıyorum.*   *Ben aldım.*   *Ben alacağım.*
2. (sen) etmek
3. (biz) anlamak
4. (siz) başlamak
5. (onlar) bakmak
6. (ben) bilmek
7. (sen) bulmak
8. (biz) dönmek
9. (siz) çalışmak
10. (onlar) düşünmek
11. (ben) konuşmak
12. (sen) okumak
13. (biz) ödemek
14. (siz) uyumak
15. (onlar) yemek

71.2 Fill in the blanks with persons. Fülle die Lücken mit Personalpronomen.

1. *Ben* İstanbul'da yaşayacağım.
2. _____ kitap okuyacağım.
3. _____ Türkçe öğreneceğiz.
4. _____ beni göreceksin.
5. _____ otobüse bineceğim.
6. _____ müzik dinleyecek.
7. _____ İngilizce öğrenecek(ler).
8. _____ ofiste çalışacak.
9. _____ e-mail göndereceğiz.
10. _____ tatile çıkacaksınız.
11. _____ çay içeceğiz.
12. _____ İngilizce öğreneceksin.
13. _____ Türkçe konuşacağım.
14. _____ İnternet'te çet yapacak(lar).
15. _____ Ebru ile dans edecek.
16. _____ öğrencilere ders verecek.
17. _____ mutfakta yemek yapacağız.
18. _____ İspanya'dan gelecek.
19. _____ futbol oynayacağız.
20. _____ televizyon izleyeceksiniz, _____ de müzik dinleyeceğiz.

71.3 Make sentences. Bilde Sätze.

1. ben / alışverişe gitmek — *Ben alışverişe gideceğim.*
2. o / bugün / okula yürümek
3. biz / sinemaya gitmek
4. öğrenciler / ders çalışmak
5. Ayşe / Ali ile evlenmek
6. ben / erken yatmak
7. onlar / tatile çıkmak
8. biz / Türkçe öğrenmek
9. o / sabah saat 7'de kalkmak
10. ben / Orhan'a telefon etmek
11. sen / yarın / maç yapmak
12. biz / futbol oynamak
13. ben / yemek yemek
14. ben / bir ev almak

Lesson 72 : O film izleyecek mi?
Future Tense / Questions • Futur / Fragen

Turkish	Your Language
Ben film izle**yecek mi**yim?	
Sen film izle**yecek mi**sin?	
O film izle**yecek mi**?	
Biz film izle**yecek mi**yiz?	
Siz film izle**yecek mi**siniz?	
Onlar film izle**yecek**ler **mi**?	

mi / mı is used to make yes / no questions.

Mit **mi / mı** werden ja/nein-Fragen gebildet.

Turkish	Your Language	Turkish	Your Language
gelecek mi		kalacak mı	
içecek mi		çıkacak mı	
dövecek mi		doğacak mı	
gülecek mi		bulacak mı	

72.1 Rewrite the verbs with appropriate suffixes. Nutze das richtige Suffix.

1. almak   *O alıyor mu?*   *O aldı mı?*   *O alacak mı?*
2. etmek
3. anlamak
4. başlamak
5. bakmak
6. bilmek
7. bulmak
8. dönmek
9. çalışmak
10. düşünmek
11. konuşmak
12. okumak
13. ödemek
14. uyumak
15. yemek

72.2 Make sentences. Bilde Sätze.
1. o / şarkı söylemek — *O şarkı söylüyor mu? / söyledi mi? / söyleyecek mi?*
2. o / dans etmek
3. o / yemek yemek
4. o / ders çalışmak
5. o / tenis oynamak
6. o / müzik dinlemek
7. o / araba sürmek
8. o / çay içmek
9. o / kahvaltı yapmak
10. o / kitap okumak

72.3 Rewrite the verbs with appropriate suffixes. Nutze das richtige Suffix.
1. (ben) almak — *Ben alıyor muyum?   Ben aldım mı?   Ben alacak mıyım?*
2. (sen) etmek
3. (biz) anlamak
4. (siz) başlamak
5. (onlar) bakmak
6. (ben) bilmek
7. (sen) bulmak
8. (biz) dönmek
9. (siz) çalışmak
10. (onlar) düşünmek
11. (ben) konuşmak
12. (sen) okumak
13. (biz) ödemek
14. (siz) uyumak
15. (onlar) yemek

72.4 Make sentences. Bilde Sätze.
1. siz / futbol oynamak? — *Siz futbol oynayacak mısınız?*
2. o / okula gitmek?
3. sen / televizyon izlemek?
4. o / yemek yapmak?
5. sen / Canan ile buluşmak?
6. sen / oyun oynamak?
7. siz / dans etmek?
8. sen / çay içmek?
9. onlar / sana / yardım etmek?
10. siz / bu yaz / tatile çıkmak?
11. o / ödev yapmak?

12. biz / sinemaya gitmek? _____
13. sen / ona / telefon etmek? _____
14. o / bu akşam / eve gelmek? _____
15. siz / pikniğe gitmek? _____

72.5 Make questions the words underlined. Bilde Fragen aus dem Unterstrichenen.

1. Andy Antalya'da sörf yapacak.
   _____
   _____
   _____

2. Serkan Amerika'da üniversite okuyacak.
   _____
   _____
   _____

3. Ben bugün işe otobüsle gideceğim.
   _____
   _____
   _____

4. Ben ve Yeşim bugün Kadıköy'de sinemaya gitmek için buluşacağız.
   _____
   _____
   _____

Lesson 73 : O film izlemeyecek.
Future Tense / Negative • Futur / Verneinung

Turkish	Your Language
Ben film izle**meyeceğ**im.	
Sen film izle**meyecek**sin.	
O film izle**meyecek**.	
Biz film izle**meyeceğ**iz.	
Siz film izle**meyecek**siniz.	
Onlar film izle**meyecek**(ler).	

– **me / ma** – is used to make verb negative.

– **me / ma** – macht das Verb negativ.

Turkish	Your Language	Turkish	Your Language
gelmeyecek		kalmayacak	
içmeyecek		çıkmayacak	
dövmeyecek		doğmayacak	
gülmeyecek		bulmayacak	

73.1 Rewrite the verbs with appropriate suffixes. Nutze das richtige Suffix.

1. almak   *O almıyor.*   *O almadı.*   *O almayacak.*
2. etmek
3. anlamak
4. başlamak
5. bakmak
6. bilmek
7. bulmak
8. dönmek
9. çalışmak
10. düşünmek
11. konuşmak
12. okumak
13. ödemek
14. uyumak
15. yemek

73.2 Make sentences. Bilde Sätze.

1. o / şarkı söylemek   *O şarkı söylemiyor / söylemedi / söylemeyecek.*
2. o / dans etmek
3. o / yemek yemek
4. o / ders çalışmak
5. o / tenis oynamak
6. o / müzik dinlemek
7. o / araba sürmek
8. o / çay içmek
9. o / kahvaltı yapmak
10. o / kitap okumak
11. o / yazı yazmak
12. o / soru sormak
13. o / kahve istemek
14. o / yemek pişirmek

73.3 Rewrite the verbs with appropriate suffixes. Nutze das richtige Suffix.
1. (ben) almak   *Ben almıyorum. Ben almadım. Ben almayacağım.*
2. (sen) etmek
3. (biz) anlamak
4. (siz) başlamak
5. (onlar) bakmak
6. (ben) bilmek
7. (sen) bulmak
8. (biz) dönmek
9. (siz) çalışmak
10. (onlar) düşünmek
11. (ben) konuşmak
12. (sen) okumak
13. (biz) ödemek
14. (siz) uyumak
15. (onlar) yemek

73.4 Rewrite the sentences. Schreibe um.
1. Ben alışverişe gideceğim.   *Ben alışverişe gitmeyeceğim.*
2. Biz sinemaya gideceğiz.
3. Seda bize ders verecek.
4. Ben otobüs bekleyeceğim.
5. Öğrenciler ders çalışacaklar.
6. Ablam Ali ile evlenecek.
7. Ben bir mektup yazacağım.
8. Biz Türkçe öğreneceğiz.
9. O sabah saat 7'de kalkacak.
10. Ben annemi arayacağım.

Turkish	Your Language
O kitap okuyacak mı?	
Evet, okuyacak.	
Hayır, okumayacak.	

73.5 Give short answers to the questions. Gib kurze Antworten.
1. Sen futbol oynayacak mısın? (+)   *Evet, oynayacağım.*
2. Sen televizyon izleyecek misin? (−)   *Hayır, izlemeyeceğim.*
3. Sen yemek yapacak mısın? (+)
4. Sen Aylin ile buluşacak mısın? (+)
5. Sen kitap okuyacak mısın? (−)
6. Sen dans edecek misin? (+)

7. Sen çay içecek misin? (+) _____
8. Sen sigara içecek misin? (+) _____
9. Sen bu yaz tatile çıkacak mısın? (-) _____
10. Sen ödev yapacak mı? (-) _____
11. Sen sinemaya gidecek misiniz? (+) _____
12. Sen akşam eve gelecek misin? (+) _____
13. Sen çay yapacak misin? (+) _____
14. Sen İngilizce öğrenecek misin? (+) _____
15. Sen pikniğe gidecek misiniz? (-) _____

Lesson 74 : O yarın akşam film izleyecek.
Time Expressions • Zeiten

TOMORROW	Your Language	NEXT	Your Language
yarın yarın sabah yarın öğleden sonra yarın akşam yarın gece		gelecek hafta gelecek ay gelecek yıl gelecek bahar gelecek yaz gelecek sonbahar gelecek kış gelecek Pazartesi gelecek Salı	
IN / LATER	Your Language		
5 dakika sonra 2 saat sonra 3 gün sonra 6 hafta sonra 4 ay sonra 1 yıl sonra			

74.1 Fill in the blanks with "dün", "geçen", "yarın" ya da "gelecek".
Fülle die Lücken mit "dün", "geçen", "yarın" ya da "gelecek".

1. Ben *dün* sabah yüzmeye gittim.
2. Berna _____ sabah plaja gidecek.
3. Biz _____ hafta tatile çıkacağız.
4. Arzu _____ hafta Mardin'e gitti.
5. Biz _____ sabah sınav olduk.
6. Biz _____ sabah pikniğe gidiyoruz.
7. Selim _____ Cuma yeni bir araba aldı.
8. Kardeşim _____ sonbahar üniversiteye başlayacak.

9. Biz _____ akşam bir restoranda çok lezzetli bir yemek yedik.
10. Ben _____ akşam maça gidiyorum.
11. Annem ve babam _____ ay memlekete gidecekler.
12. Derya _____ yıl Ankara'da yaşadı.
13. Ben _____ gece televizyon izledim.
14. Ben _____ hafta amcamı ziyaret ettim.
15. Biz _____ akşam yemeğe gideceğiz.
16. Ben _____ yaz Kanada'da tatil yapacağım.
17. Biz _____ akşam konsere gidiyoruz.
18. Ben _____ hafta bir partiye gittim.

74.2 Make questions with "Sen ne zaman …" and give <u>true</u> answers.
Bilde Fragen mit "Sen ne zaman …" und antworte <u>wahrheitsgetreu</u>.

1. eve gelmek — *Sen ne zaman eve geleceksin? Bu akşam saat 5'te.*
2. bankaya gitmek
3. yemek yemek
4. yatmak
5. beni aramak
6. işe gitmek
7. sigarayı bırakmak
8. evlenmek
9. ehliyet almak
10. sinemaya gitmek
11. ders çalışmak
12. alışverişe gitmek
13. tatile çıkmak
14. kalkmak
15. yatmak
16. araba almak
17. beni ziyaret etmek
18. dinlenmek
19. çalışmak
20. çay içmek

74.3 Make questions with "Sen ... ne yapacaksın?" and give <u>true</u> sentences.
Bilde Fragen mit "Sen ... ne yapacaksın?" und antworte <u>wahrheitsgetreu</u>.
1. yarın sabah   *Yarın sabah ne yapacaksın? / Tenis oynayacağım.*
2. dün gece
3. yarın gece
4. bu gece
5. yarın öğleden sonra
6. dün öğleden sonra
7. bugün öğleden sonra
8. geçen Cuma
9. gelecek Cuma
10. gelecek hafta
11. geçen hafta
12. bu hafta
13. dün sabah
14. yarın sabah
15. bu sabah
16. bugün
17. iki hafta önce
18. bir ay sonra
19. her sabah
20. şu anda

These time expressions can be used with all the tenses. *Diese Zeitausdrücke können in allen Zeitformen verwendet werden.*	Bugün Bu sabah Bugün öğleden sonra Bu akşam Bu gece Bu hafta Bu ay Bu yıl	okula **gidiyor**. okula **gidecek**. okula **gitti**.

74.4 Give <u>true</u> answers to "... ne yapacaksınız?" *Antworte <u>wahrheitsgetreu</u>.*
1. Bugün

2. Bu sabah

3. Öğleden sonra

4. Bu akşam

5. Bu gece

6. Bu hafta

7. Bu ay

8. Bu yıl

Lesson 75 : Eğer film güzelse, biz izleyeceğiz.
Conditional • Konditionalform, Bedingung

Turkis	Your Language
Eğer ben bir doktor**sam**, …	
Eğer sen bir doktor**san**, …	
Eğer o bir doktor**sa**, …	
Eğer biz doktor**sak**, …	
Eğer siz doktor**sanız**, …	
Eğer onlar doktor(lar)**sa**, …	
Eğer o evl**iyse**, …	
Eğer o evli **değilse**, …	
Eğer onun parası **varsa**, …	
Eğer onun parası **yoksa**, …	

eğer is **if**. It is used with the suffix – **se / sa** –.

eğer bedeutet **wenn**. Es wird mit dem Suffix – **se / sa** – verwendet.

Turkish	Your Language
Eğer **ben** bir doktorsam, …	
Eğer **sen** bir doktorsan, …	
Eğer **o** bir doktorsa, …	
Eğer **biz** doktorsak, …	
Eğer **siz** doktorsanız, …	
Eğer **onlar** doktor(**lar**)sa, …	

75.1 Make sentences. Bilde Sätze.

1. Eğer / film / ilginç olmak, biz / izlemek
   Eğer film ilginçse, biz izlemeyeceğiz.
2. Eğer / su / sıcak olmak, ben / duş almak

3. Eğer / Ali / evde olmak, ben / onu / ziyaret etmek

4. Eğer / sebzeler / taze olmak, ben / onları / satın almak

5. Eğer / bugün / hava / güzel olmak, biz / futbol oynamak

6. Eğer / sen / hasta olmak, ben / seni / hastaneye götürmek

7. Eğer / hava / yağmurlu olmak, ben / bir şemsiye almak

8. Eğer / o / iyi bir yüzücü olmak, o / birinci gelmek

9. Eğer / o / iyi bir öğretmen olmak, biz / Türkçe öğrenmek

10. Eğer / siz / dışarıda olmak, biz / sizi / görmek

Lesson 76 : Ben ne çay istiyorum, ne de kahve.
Either & Neither & Both • weder... noch & sowohl... als auch

Turkish	Your Language
Ben çay istiyorum.	
Ya da ben kahve istiyorum.	
Ben **ya** çay **ya da** kahve istiyorum.	

ya... ya da is either...or...

ya... ya da bedeutet entweder... oder...

76.1 Rewrite the sentences. Schreibe die Sätze um.
1. Ali çay içiyor. Ya da kahve içiyor.
   Ali ya çay ya da kahve içiyor.
2. O tenis oynayacak. Ya da futbol oynayacak.

3. Ben Ankara'ya gideceğim. Ya da Antalya'ya gideceğim.

4. Biz hamburger yiyeceğiz. Ya da sandviç yiyeceğiz.

5. Onlar sinemaya gidecekler. Ya da tiyatroya gidecekler.

6. Ben bira içeceğim. Ya da rakı içeceğim.

7. O Ahmet ile evlenecek. Ya da Mehmet ile evlenecek.

8. Biz burada kalacağız. Ya da orada kalacağız.

9. O bir otelde kalacak. Ya da bir motelde kalacak.

10. Ben evde oturacağım. Ya da dışarıya çıkacağım.

Turkish	Your language
Ben çay istemiyorum. Ben kahve de istemiyorum. Ben **ne** çay **ne de** kahve istiyorum.	

ne... ne de... is **neither... nor...**
ne... ne de... bedeutet **weder... noch...**

76.2 Rewrite the sentences. Schreibe die Sätze um.

1. Ali çay içmiyor. Ali kahve de içmiyor.
   Ali ne çay ne de kahve içiyor.
2. O tenis oynamayacak. O futbol da oynamayacak.
   _____
3. Ben Ankara'ya gitmeyeceğim. Ben Antalya'ya da gitmeyeceğim.
   _____
4. Biz hamburger yemeyeceğiz. Biz sandviç de yemeyeceğiz.
   _____
5. Onlar sinemaya gitmeyecekler. Onlar tiyatroya da gitmeyecekler.
   _____
6. Ben bira içmeyeceğim. Ben rakı da içmeyeceğim.
   _____
7. O Ahmet ile evlenmeyecek. O Mehmet ile de evlenmeyecek.
   _____
8. Biz burada kalmayacağız. Biz orada da kalmayacağız.
   _____
9. O bir otelde kalmayacak. O bir motelde de kalmayacak.
   _____
10. Ben evde oturmayacağım. Ben dışarıya da çıkmayacağım.
    _____

Turkish	Your Language
Ben çay istiyorum. Ben kahve de istiyorum. Ben **hem** çay **hem de** kahve istiyorum.	

hem... hem de is **both... and...**
hem... hem de bedeutet **sowohl... als auch...**

76.3 Rewrite the sentences. Schreibe die Sätze um.

1. Ali çay içiyor. Ali kahve de içiyor.
   Ali hem çay hem de kahve içiyor.
2. O tenis oynayacak. O futbol da oynayacak.

3. Ben Ankara'ya gideceğim. Ben Antalya'ya da gideceğim.

4. Biz hamburger yiyeceğiz. Biz sandviç de yiyeceğiz.

5. Onlar sinemaya gidecekler. Onlar tiyatroya da gidecekler.

6. Ben bira içeceğim. Ben rakı da içeceğim.

7. Ahmet'i seviyor. O Mehmet'i de seviyor.

8. Biz burada kalacağız. Biz orada da kalacağız.

9. O bir otelde kalacak. O bir motelde de kalacak.

10. Ben evde oturacağım. Ben dışarıya da çıkacağım.

Lesson 77 : benim / bizim / senin / sizin
Possessives & Suffixes • Besitz & Suffixe

Turkish	Your Language	Turkish	Your Language
Ne? Ev.			
benim ev**im**		senin ev**in**	
bizim ev**imiz**		sizin ev**iniz**	
Neler? Evler.			
benim ev**lerim**		senin ev**lerin**	
bizim ev**lerimiz**		sizin ev**leriniz**	

Turkish	Singular	Plural
benim	(- i / ı / ü / u) m	(- leri / ları) m
senin	(- i / ı / ü / u) n	(- leri / ları) n
bizim	(- i / ı / ü / u) m (- i / ı / ü / u) z	- lerimiz / larımız
sizin	(- i / ı / ü / u) n (- i / ı / ü / u) z	- leriniz / larınız

Turkish	Your Language	Turkish	Your Language
Neyi? Evi.			
benim ev**imi**		senin ev**ini**	
bizim ev**imizi**		sizin ev**inizi**	
Neleri? Evleri.			
benim ev**lerimi**		senin ev**lerini**	
bizim ev**lerimizi**		sizin ev**lerinizi**	

Turkish	Singular	Plural
benim	(- i / ı / ü / u) m (- i / ı / ü / u)	(- leri / ları) m (- i / ı / ü / u)
senin	(- i / ı / ü / u) n (- i / ı / ü / u)	(- leri / ları) n (- i / ı / ü / u)
bizim	(- i / ı / ü / u) m (- i / ı / ü / u) z (- i / ı / ü / u)	- lerimizi / larımızı
sizin	(- i / ı / ü / u) n (- i / ı / ü / u) z (- i / ı / ü / u)	- lerinizi / larınızı

77.1 Answer the questions. Beantworte die Fragen.

1. O kimin odasını istiyor? (ben)   *O benim odamı istiyor.*
2. O kimin arkadaşını tanıyor? (biz) _____
3. O kimin evini istiyor? (biz) _____
4. O kimin kitaplarını okudu? (ben) _____
5. O kimin kalemini aldı? (sen) _____
6. O kimin arabasını sürdü? (biz) _____
7. O kimin filmini izledi? (sen) _____
8. O kimin çakmağını aldı? (ben) _____
9. O kimin arabalarını yıkıyor? (siz) _____
10. O kimin bilgisayarını bozdu? (biz) _____
11. O kimin arabasını çaldı? (ben) _____
12. O kimin telefonlarını dinledi? (biz) _____
13. O kimin parasını aldı? (sen) _____
14. O kimin şarkılarını dinledi? (sen) _____
15. O kimin kardeşini seviyor? (benim) _____

Turkish	Your Language	Turkish	Your Language
Nereye? Eve.			
benim ev**ime**		senin ev**ine**	
bizim ev**imize**		sizin ev**inize**	
Nerelere? Evlere.			
benim ev**lerime**		senin ev**lerine**	
bizim ev**lerimize**		sizin ev**lerinize**	

Turkish	Singular		Plural
benim	(- i / ı / ü / u) m (- e / a)		(- leri / ları) m (- e / a)
senin	(- i / ı / ü / u) n (- e / a)		(- leri / ları) n (- e / a)
bizim	(- i / ı / ü / u) m (- i / ı / ü / u) z (- e / a)		- lerimize / larımıza
sizin	(- i / ı / ü / u) n (- i / ı / ü / u) z (- e / a)		- lerinize / larınıza

77.2 Answer the questions. Beantworte die Fragen.
1. O kimin evine gitti? (siz)   *O sizin evinize gitti.*
2. O kimin arabasına bindi? (biz) _____
3. O kimin kardeşine aşık oldu? (siz) _____
4. O kimin bisikletine bindi? (sen) _____
5. O kimin evine uğradı? (ben) _____
6. O kimin çocuklarına baktı? (biz) _____
7. O kimin odasına girdi? (sen) _____
8. O kimin partisine geldi? (biz) _____
9. O kimin bebeklerine baktı? (siz) _____
10. O kimin mağazasına gitti? (biz) _____

Turkish	Your Language	Turkish	Your Language
Nerede? Evde.			
benim ev**imde**		senin ev**inde**	
bizim ev**imizde**		sizin ev**inizde**	
Nerelerde? Evlerde.			
benim ev**lerimde**		senin ev**lerinde**	
bizim ev**lerimizde**		sizin ev**lerinizde**	

Turkish	Singular	Plural
benim	(- i / ı / ü / u) m (- de / da)	(- leri / ları) m (- de / da)
senin	(- i / ı / ü / u) n (- de / da)	(- leri / ları) n (- de / da)
bizim	(- i / ı / ü / u) m (- de / da)	(- leri / ları) m (- de / da)
sizin	(- i / ı / ü / u) n (- de / da)	(- leri / ları) n (- de / da)

77.3 Answer the questions. Beantworte die Fragen.
1. O kimin evinde bekledi? (ben)   *O benim evimde bekledi.*
2. O kimin bahçesinde oynadı? (siz) _____
3. O kimin ofislerinde çalıştı? (biz) _____
4. Bebek kimin odasında uyudu? (sen) _____
5. O kimin köyünde yaşadı? (biz) _____
6. O kimin evlerinde kaldı? (biz) _____
7. O kimin odasında yattı? (ben) _____
8. O kimin okulunda okudu? (siz) _____
9. O kimin havuzunda yüzdü? (sen) _____
10. O kimin masasında çalıştı? (ben) _____

Turkish	Your Language	Turkish	Your Language
Neyin? Evin.			
benim ev**imin**		senin ev**inin**	
bizim ev**imizin**		sizin ev**inizin**	
Nelerin? Evlerin.			
benim ev**lerimin**		senin ev**lerinin**	
bizim ev**lerimizin**		sizin ev**lerinizin**	

The expressions used with **benim, bizim**... also take the possessive suffix.

Werden Substantive mit **benim, bezim...** genutzt, muss das besitzanzeigende Suffix angehangen werden.

Turkish	Singular	Plural
benim	(- i / ı / ü / u) m (- in / ın / ün / un)	(- leri / ları) m (- in / ın / ün / un)
senin	(- i / ı / ü / u) n (- in / ın / ün / un)	(- leri / ları) n (- in / ın / ün / un)
bizim	(- i / ı / ü / u) m (- i / ı / ü / u) z (- in / ın / ün / un)	- lerimizin / larımızın
sizin	(- i / ı / ü / u) n (- i / ı / ü / u) z (- in / ın / ün / un)	- lerinizin / larınızın

77.4 Answer the questions. Beantworte die Fragen.
1. Bu kimin arabası? (ben / kardeş)   *O benim kardeşimin arabası.*
2. Bu kimin kuzeni? (biz / arkadaş)   _____
3. Bu kimin topu? (sen / arkadaş)   _____
4. Bu kimin arabası? (siz / komşu)   _____
5. Bu kimin çantası? (sen / öğrenci)   _____
6. Bu kimin gözlüğü? (biz / baba)   _____
7. Bu kimin bisikleti (ben / abi)_____
8. Bu kimin kulübesi? (biz / köpek)   _____

Lesson 78 : Söyle ona, buraya gelsin.
Reporting II • indirekte Rede

Turkish	Your Language	Turkish	Your Language
yapmak		Yapmak	
O ya<u>p</u>sın.		Onlar ya<u>p</u>sınlar.	
gelmek		gelmek	
O ge<u>l</u>sin.		Onlar ge<u>l</u>sinler.	
taşımak		taşımak	
O taşı<u>s</u>ın.		Onlar taşı<u>s</u>ınlar.	
içmek		içmek	
O i<u>ç</u>sin.		Onlar i<u>ç</u>sinler.	
uyumak		uyumak	
O uyu<u>s</u>un.		Onlar uyu<u>s</u>unlar.	
gülmek		gülmek	
O gü<u>l</u>sün.		Onlar gü<u>l</u>sünler.	
koşmak		koşmak	
O ko<u>ş</u>sun.		Onlar ko<u>ş</u>sunlar.	
ölmek		ölmek	
O ö<u>l</u>sün.		Onlar ö<u>l</u>sünler.	

> – **sin / sın / sün / sun** is used for the third person and it means **Tell him to do**.
> – **sinler / sınlar / sünler / sunlar** is the plural form for 'onlar'.
>
> – **sin / sın / sün / sun** wird für eine dritte Person benutzt und meint **Sage ihm, dass…**
> – **sinler / sınlar / sünler / sunlar** ist die Pluralform von 'onlar'.

78.1 Rewrite the verbs with appropriate suffixes. Nutze das richtige Suffix.

1. almak — *O alsın. / Onlar alsınlar.*
2. etmek
3. anlamak
4. başlamak
5. bakmak
6. bilmek
7. bulmak
8. dönmek
9. çalışmak
10. düşünmek
11. konuşmak
12. okumak
13. ödemek
14. uyumak
15. yemek

78.2 Make sentences. Bilde Sätze.

1. söylemek / o / buraya gelmek — *Söyle ona, buraya gelsin.*
2. söylemek / onlar / sessiz olmak
3. söylemek / onlar / yemek yemek
4. söylemek / o / ders çalışmak
5. söylemek / onlar / çabuk olmak
6. söylemek / o / dikkatli sürmek
7. söylemek / onlar / dışarıda oynamak
8. söylemek / o / hemen yatmak
9. söylemek / onlar / buradan gitmek
10. söylemek / o / hemen kalkmak

Turkish	Your Language	Turkish	Your Language
yapmak O yapmasın.		yapmak Onlar yapmasınlar.	
gelmek O gelmesin.		gelmek Onlar gelmesinler.	
taşımak O taşımasın.		taşımak Onlar taşımasınlar.	

Turkish	Your Language	Turkish	Your Language
içmek O içmesin.		içmek Onlar içmesinler.	
uyumak O uyumasın.		uyumak Onlar uyumasınlar.	
gülmek O gülmesin.		gülmek Onlar gülmesinler.	
koşmak O koşmasın.		koşmak Onlar koşmasınlar.	
ölmek O ölmesin.		ölmek Onlar ölmesinler.	

mesin / masın and **mesinler / masınlar** are negative forms.

mesin / masın und mesinler / masınlar machen das Verb negativ.

78.3 Rewrite the verbs with appropriate suffixes. Nutze das richtige Suffix.
1. almak   *O almasın. / Onlar almasınlar.*
2. etmek
3. anlamak
4. başlamak
5. bakmak
6. bilmek
7. bulmak
8. dönmek

9. çalışmak
10. düşünmek
11. konuşmak
12. okumak
13. ödemek
14. uyumak
15. yemek

78.4 Make sentences. Bilde Sätze.

1. söylemek / çocuklar / gürültü yapmak
   Söyle çocuklara, gürültü yapmasınlar.
2. söylemek / adam / küfür etmek

3. söylemek / onlar / dışarı çıkmak

4. söylemek / o kız / içeri girmek

5. söylemek / Ali / hızlı sürmek

6. söylemek / o / ileri geri konuşmak

7. söylemek / öğrenciler / konuşmak

8. söylemek / senin baban / buraya park etmek

9. söylemek / o çocuk / bir daha gelmek

10. söylemek / onlar / geç yatmak

Turkish	Your Language	Turkish	Your Language
yapmak O yapsın mı?		yapmak Onlar yapsınlar mı?	
gelmek O gelsin mi?		gelmek Onlar gelsinler mi?	
taşımak O taşısın mı?		taşımak Onlar taşısınlar mı?	
içmek O içsin mi?		içmek Onlar içsinler mi?	
uyumak O uyusun mu?		uyumak Onlar uyusunlar mı?	

Turkish	Your Language	Turkish	Your Language
O gülsün mü?		Onlar gülsünler mi?	
koşmak O koşsun mu?		koşmak Onlar koşsunlar mı?	
ölmek O ölsün mü?		ölmek Onlar ölsünler mi?	

mi / mı / mü / mu? is the question word.   mi / mı / mü / mu? ist das Fragewort.

78.5 Rewrite the verbs with appropriate suffixes. Nutze das richtige Suffix.

1. almak   *O alsın mı? / Onlar alsınlar mı?*
2. etmek   _____
3. anlamak _____
4. başlamak _____
5. bakmak _____
6. bilmek _____
7. bulmak _____
8. dönmek _____
9. çalışmak _____
10. düşünmek _____

11. konuşmak _____
12. okumak   _____
13. ödemek   _____
14. uyumak   _____
15. yemek   _____

Lesson 79 : Yemek yesene.
Suggestions & Insist • Vorschlag & Behauptung, Drängen

Turkish	Your Language
(Sen) yemek ye**sene**.	
(Siz) yemek ye**senize**.	
(Sen) kitap oku**sana**.	
(Siz) kitap oku**sanıza**.	

Sen – sene / sana (Siz – senize / sanıza) is used for suggestion and insist.

Sen – sene / sana (Siz – senize / sanıza) drückt Vorschläge, aber auch Drängeln und auf etwas bestehen aus.

79.1 Rewrite the verbs with appropriate suffixes. Nutze das richtige Suffix.
1. almak   *Alsana. / Alsanıza.*
2. etmek   _____
3. anlamak   _____
4. başlamak   _____
5. bakmak   _____
6. bilmek   _____
7. bulmak   _____
8. dönmek   _____
9. çalışmak   _____
10. düşünmek   _____
11. konuşmak   _____
12. okumak   _____
13. ödemek   _____
14. uyumak   _____
15. yemek   _____

79.2 Rewrite the questions. Schreibe die Fragen um.
1. Sen neden yemek yemiyorsun?   *Yemek yesene.*
2. Sen neden çay içmiyorsun?   _____
3. Sen neden ders çalışmıyorsun?   _____
4. Siz neden dışarı çıkmıyorsunuz?   _____
5. Sen neden bana yardım etmiyorsun?   _____
6. Siz neden eğlenmiyorsunuz?   _____
7. Sen neden eve gitmiyorsun?   _____
8. Sen neden konuşmuyorsun?   _____
9. Siz neden ödev yapmıyorsunuz?   _____
10. Sen neden alışveriş yamıyorsun?   _____

79.3 What's your suggestions? Was ist Dein Vorschlag?
1. "Bugün çok yoruldum." (dinlenmek)   *Dinlensene.*
2. "Ben çok hastayım." (doktora gitmek)   _____
3. "Ben çok çalışıyorum." (tatile çıkmak)   _____
4. "Ben acıktım." (yemek yemek)   _____
5. "Ben çok kilo aldım." (diyet yapmak)   _____
6. "Benim dişim çok ağrıyor." (dişçiye gitmek)   _____
7. "Benim canım sıkılıyor." (film izlemek)   _____
8. "Ben susadım." (su içmek)   _____
9. "Benim başım ağrıyor." (ilaç almak)   _____
10. "Benim kitabım nerede?" (çantana bakmak)   _____

Lesson 80 : Yardım edeyim mi?
Offers • Wunschform

Turkish	Your Language
Ben size yardım ed**eyim**.	
Ben burada kal**ayım**.	
(Ben) Size yardım ed**eyim mi?**	
(Ben) burada kal**ayım mı?**	

Ben – eyim (mi?) / ayım (mı?) is used for offers.

Ben – eyim (mi?) / ayım (mı?) gibt die Wusnchform (Absicht, Bereitwilligkeit) wieder.

80.1 Rewrite the verbs with appropriate suffixes. Nutze das richtige Suffix.
1. almak   *Alayım. / Alayım mı?*
2. etmek
3. anlamak
4. başlamak
5. bakmak
6. bilmek
7. bulmak
8. dönmek
9. çalışmak
10. düşünmek
11. konuşmak
12. okumak
13. ödemek
14. uyumak
15. yemek

80.2 Make questions with "- yim mi? / - yım mı?". Bilde Fragen.
1. "Oda çok sıcak." (pencere açmak)
   Pencereyi açayım mı?
2. "Ben çok açım." (yemek hazırlamak)

3. "Bu oda çok karanlık." (ışık açmak)

4. "Bu çanta çok ağır." (çanta taşımak)

5. "Kapı kapalı." (kapı açmak)

6. "Benim hiç param yok." (borç vermek)

7. "Araba bozuldu." (tamir etmek)

8. "Biri kapıyı çalıyor." (açmak)

9. "Ben çok öksürüyorsun." (ilaç vermek)

10. "Senin ödevin zor mu?" (yardım etmek)

Turkish	Your Language
(Biz) Sinemaya gid**elim**.	
(Biz) Top oyna**yalım**.	
(Biz) Sinemaya gid**elim mi?**	
(Biz) top oyna**yalım mı?**	

Biz - elim (mi?) / alım (mı?) is used for offers.

Biz - elim (mi?) / alım (mı?) gibt die Wusnchform (Absicht, Bereitwilligkeit) wieder.

80.3 Rewrite the verbs with appropriate suffixes. Nutze das richtige Suffix.

1. almak — *Alalım. / Alalım mı?*
2. etmek
3. anlamak
4. başlamak
5. bakmak
6. bilmek
7. bulmak
8. dönmek
9. çalışmak
10. düşünmek
11. konuşmak
12. okumak
13. ödemek
14. uyumak
15. yemek

80.4 Make questions with "-elim mi? / - alım mı?" Bilde Fragen.

1. "Benim karnım çok aç." (yemek yemek) — *Yemek yiyelim mi?*
2. "Ben çok susadım." (bir şey içmek)
3. "Bugün hava çok güzel." (dışarı çıkmak)
4. "Müzik çok güzel." (dans etmek)
5. "Hava bugün harika!" (yürüyüş çıkmak)
6. "Ben çalışmıyorum." (Adalar'a gitmek)
7. "Benim canım sıkılıyor." (tavla oynamak)
8. "Akşam benim işim yok."(içmek gitmek)
9. "Tülin hasta." (onu ziyaret etmek)
10. "Benim uykum geldi." (yatmak)

80.5 Answer the questions. Beantworte die Fragen.
1. "Bu akşam ne yapalım?" (dışarı çıkmak)   *Dışarı çıkalım mı?*
2. "Tatilde nereye gidelim?" (Dalyan)
3. "Partiye kimi davet edelim?" (Onur)
4. "İstanbul'a nasıl gidelim?" (otobüs)
5. "Ne zaman dışarı çıkalım?" (biraz sonra)
6. "Nerede yemek yiyelim?" (şu lokanta)
7. "Ne oynayalım?" (futbol)
8. "Nereye oturalım?" (şuraya)
9. "Ne içelim?" (rakı)
10. "Ne zaman başlayalım?" (şimdi)

Lesson 81 : Ben o kadar açım ki!
o kadar... ki... • so viel..., dass...

Turkish	Your Language
Yemek çok güzel.	
Yemek **o kadar** / **öyle** güzel **ki!**	

ki is used to express exaggeration in this sense.   **ki** drückt Verwunderung/ Überraschung aus.

81.1 Rewrite the sentences. Schreibe die Sätze um.
1. Oda çok dağınıktı.   *Oda o kadar / öyle dağınıktı ki!*
2. Araba çok yavaştı.
3. Yemek çok lezzetli.
4. Elma çok ekşi.
5. Ev çok pahalıydı.
6. Her şey çok ucuz.
7. Bu köy çok huzurlu.
8. Film çok sıkıcı.

Turkish	Your Language
Ben çok uyudum.	
Ben **o kadar** (çok) uyudum **ki!**	

81.2 Rewrite the sentences. Schreibe um.
1. Biz çok şaşırdık.　　　*Biz o kadar / öyle şaşırdık ki!*
2. Biz çok acıktık.　　　_____
3. Ben çok susadım.　　　_____
4. Onlar çok yoruldular.　_____
5. Ben çok sevindim.　　　_____
6. Ben çok mutlu oldum.　 _____
7. Biz çok üzüldük.　　　 _____
8. Çocuk çok ağladı.　　　_____

Turkish	Your Language
Sen **o kadar** güzelsin **ki** ben sana aşık oldum.	
Benim **o kadar** çok param var **ki** her şeyi satın alabilirim.	
Sen **o kadar** hızlı konuşuyorsun **ki** ben anlamıyorum.	

ki is used to connect two sentences.　　**ki** verbindet auch zwei Sätze.

81.3 Complete the sentences with your own words. Vervollständige mit eignen Worten.
1. Sen o kadar güzelsin ki _____
2. Biz o kadar yorgunuz ki _____
3. O kadar yakışıklı bir adam ki _____
4. Sen o kadar iyi top oynuyorsun ki _____
5. Ben o kadar iyi şarkı söylüyorum ki _____
6. O kadar büyük bir ev ki _____
7. Onlar o kadar ucuz ki _____
8. Biz o kadar çok yemek yedik ki _____
9. Sen o kadar çekici bir kadınsın ki _____
10. Ben o kadar çok içki içtim ki _____

Turkish	Your Language
arab**a****daki** adam	
Bart**ı**n'**daki** insanlar	
kaf**e****deki** insanlar	
tat**i**l**deki** insanlar	
istasy**o**n**daki** tren	
g**ö**l**deki** balıklar	
ok**u**l**daki** öğrenciler	
otob**ü**s**teki** insanlar	

Study the examples:
Kız nerede? Kız kafede.
Where is the girl? The girl is in the cafe.
Wo ist das Mädchen? Das Mädchen ist in dem Café.

Hangi kız Ayşe? Kafedeki kız Ayşe.
Which girl is Ayşe? The girl in the cafe is Ayşe.
Welches Mädchen ist Ayşe? Das Mädchen im Cafe ist Ayşe.

Turkish	Your Language
bug**ün****kü** ders	
d**ün****kü** ders	
yarın**ki** ders	
geçen hafta**ki** ders	
geçen ay**ki** sınav	
geçen yıl**ki** tatil	

If the last vowel is– ü –, the suffix becomes **kü**.
Ist der letzte Vokal ein – ü –, wird der Suffix zu **kü**.

81.4 Answer the questions. Beantworte die Fragen.
1. Hangi adam? (arabada)   *Arabadaki adam.*
2. Hangi kadın? (kafede) _____
3. Hangi resim? (duvarda) _____
4. Hangi öğrenciler? (okulda) _____
5. Hangi süt? (dolapta) _____
6. Hangi toplantı? (yarın) _____
7. Hangi yolcular? (otobüste) _____
8. Hangi restoranlar? (Fransa) _____
9. Hangi fotoğraflar? (kitapta) _____

10. Hangi garson? (restoranda) _____

81.5 Answer the questions. Beantworte die Fragen.
1. Hangi para yeterli? (benim cebim)   *Cebimdeki para yeterli.*
2. Hangi film çok ilginçti? (dün gece) _____
3. Hangi doktorlar yorgun? (hastanede) _____
4. Hangi saraylar güzel? (İstanbul) _____
5. Hangi öğrenciler tembel? (sınıfta) _____
6. Hangi toplantı önemli? (bu sabah) _____
7. Hangi tren kalkıyor? (istasyon) _____
8. Hangi yazı çok ilginç? (dergi) _____
9. Hangi program bitiyor? (televizyon) _____
10. Hangi kedi siyah? (bahçe) _____

Lesson 82 : O [koşa koşa] dışarı çıktı.
Adverbs • Adverbien

Turkish	Your Language
O dışarı çıktı.	
O nasıl çıktı?	
O koşuyordu.	
O [koşa koşa] dışarı çıktı.	

Verbs that take – (y) e / a and are repeated become adverbs. The question is **nasıl?**

Verben, an die – (y) e / a gehangen werden kann und verdoppelt werden können, werden zu Adverbien. Das Fragewort ist **nasıl?**

82.1 Rewrite the sentences. Schreibe um.
1. Adam dışarı çıktı. O bağırıyordu.   *Adam bağıra bağıra dışarı çıktı.*
2. Annem eve girdi. O konuşuyordu. _____
3. Kız konuşuyordu. O öksürüyordu. _____
4. Ben eve gittim. Ben yürüdüm. _____
5. Biz filmi izledik. Biz gülüyorduk. _____
6. Kız şarkı söyledi. O dans ediyordu. _____

82.2 Answer the questions. Beantworte die Fragen.
1. Adam nasıl içeri girdi? (koşmak)   *Adam içeri koşa koşa girdi.*
2. Çocuk nasıl eve geldi? (ağlamak)   _____
3. Türkçe nasıl öğrenilir? (konuşmak) _____
4. Yorgun insan nasıl uyur? (horlamak)_____
5. Kadın nasıl dışarı çıktı? (bağırmak) _____
6. Bebekler yürümeyi nasıl öğrenir?   _____
(emeklemek)

Turkish	Your Language
O dışarı çıktı.	
O nasıl çıktı?	
O koşuyordu.	
O [koş**arak**] dışarı çıktı.	

82.3 Rewrite the sentences. Schreibe um.
1. Adam dışarı çıktı. O bağırıyordu.   *Adam bağırarak dışarı çıktı.*
2. Annem eve girdi. O konuşuyordu.   _____
3. Kız konuşuyordu. O öksürüyordu.   _____
4. Ben eve gittim. Ben yürüdüm.   _____
5. Biz filmi izledik. Biz gülüyorduk. _____
6. Kız şarkı söyledi. O dans ediyordu. _____

82.4 Answer the questions. Beantworte die Fragen.
1. Adam nasıl içeri girdi? (koşmak)   *Adam içeri koşarak girdi.*
2. Çocuk nasıl eve geldi? (ağlamak)   _____
3. Türkçe nasıl öğrenilir? (konuşmak) _____
4. Yorgun insan nasıl uyur? (horlamak)_____
5. Kadın nasıl dışarı çıktı? (bağırmak) _____
6. Bebekler yürümeyi nasıl öğrenir?   _____
(emeklemek)

Lesson 83 : Ali ile Ayşe buluştular.
Reciprocal Suffix • gegenseitig, zusammen

Turkish	Your Language	Turkish	Your Language
görmek		görüşmek	
bakmak		bakışmak	
savmak		savaşmak	
dövmek		dövüşmek	
sevmek		sevişmek	
bulmak		buluşmak	
ağlamak		ağlaşmak	
gülmek		gülüşmek	
anlamak		anlaşmak	
öpmek		öpüşmek	

– iş / ış / üş / uş – is used with verbs and it means each other.

– iş / ış / üş / uş – drückt Gegenseitigkeit aus.

83.1 Rewrite the sentences. Schreibe um.
1. Adam kadını gördü. Kadın da adamı gördü.
   Adam ile kadın görüştü.
2. Adam kadına baktı. Kadın da adama baktı.

3. Ali Can'ı dövdü. Can da Ali'yi dövdü.

4. Ayşe Ali'yi sevdi. Ali de Ayşe'yi sevdi.

5. Adam kadını buldu. Kadın da adamı buldu.

6. Adam ağladı. Kadın da ağladı.

7. Adam güldü. Kadın da güldü.

8. Ali koştu. Can da koştu.

9. Ali Ayşe'yi öptü. Ayşe de Ali'yi öptü.
___

10. Ali Ayşe'yi tanıdı. Ayşe de Ali'yi tanıdı.
___

Lesson 84 : O işe gitmek zorunda.
Obligation • Pflicht

Turkish	Your Language
O erken kalk**mak zorunda**..	
O erken kalk**mak zorunda** değil.	
O erken kalk**mak zorunda** mı?	

zorunda olmak is used for obligation.
zorunda olmak drückt Pflicht aus.

Turkish	Your Language
Ben kalkmak zorunda**yım**.	
Sen kalkmak zorunda**sın**.	
O kalkmak zorunda.	
Biz kalkmak zorunda**yız**.	
Siz kalkmak zorunda**sınız**.	
Onlar kalkmak zorunda(**lar**).	

84.1 Make sentences. Bilde Sätze.

1. ben / okul / gitmek *Ben okula gitmek zorundayım.*
2. o / İngilizce / öğrenmek ___
3. biz / ders / çalışmak ___
4. polisler / üniforma / giymek ___
5. Orhan / para / kazanmak ___
6. o / saç / kestirmek ___
7. ben / hafta sonu / çalışmak ___
8. siz / iş / bulmak ___
9. ben / bulaşık / yıkamak ___
10. sen / erken / kalkmak ___

84.2 What do they have to do? Was müssen sie machen?

1. muhasebeciler / hesap yapmak *Muhasebeciler hesap yapmak zorundadır.*
2. aşçılar / temiz olmak
3. askerler / üniforma giymek
4. polisler / silah taşımak
5. politikacılar / dürüst olmak
6. işçiler / güçlü olmak
7. öğrenciler / ödev yapmak
8. rehberler / dil bilmek
9. doktorlar / dikkatli olmak
10. sporcular / iyi beslenmek

Turkish	Your Language
Ben kalk**mak zorunda değil**im.	
Sen kalk**mak zorunda değil**sin.	
O kalk**mak zorunda değil**.	
Biz kalk**mak zorunda değil**iz.	
Siz kalk**mak zorunda değil**siniz.	
Onlar kalk**mak zorunda değil**ler.	

84.4 Make the sentences negative. Bilde negative Sätze.

1. sen / erken / kalkmak *Sen erken kalkmak zorunda değilsin.*
2. biz / üniforma / giymek
3. ben / çalışmak
4. siz / burada / kalmak
5. onlar / iş / gitmek
6. çocuklar / çalışmak
7. o / para / kazanmak
8. ben / temizlik / yapmak
9. sen / okul / gitmek
10. biz / araba / almak

84.5 Make the sentences negative. Bilde negative Sätze.

1. Sen bana yarım etmek zorundasın. *Sen bana yardım etmek zorunda değilsin.*
2. Bu hapları almak zorundayım.
3. Biz eve gitmek zorundayız.
4. O saat 5'te evde olmak zorunda.
5. Ben akşam çalışmak zorundayım.

6. Siz sınava girmek zorundasınız. _____
7. Ben erken kalkmak zorundayım. _____
8. Sen bir iş bulmak zorundasın. _____
9. O toplantıya katılmak zorunda. _____
10. Sen eve erken gelmek zorundasın. _____

84.6 Write true sentences about you. Schreibe wahre Sätze.
1. sabah saat 6'da kalkmak
2. akşam 7'de yatmak
3. çiftlikte çalışmak
4. ödev yapmak
5. işte üniforma giymek
6. yazın çalışmak
7. ailem ile ilgilenmek
8. evi temizlemek
9. her sabah kahvaltı yapmak
10. okula gitmek
11. çalışmak
12. para kazanmak
13. yemek yapmak
14. rakı içmek
15. erken yatmak

Turkish	Your Language
Ben erken kalkmak zorunda **mıyım**?	
Sen erken kalkmak zorunda **mısın**?	
O erken kalkmak zorunda **mı**?	
Biz erken kalkmak zorunda **mıyız**?	
Siz erken kalkmak zorunda **mısınız**?	
Onlar erken kalkmak zorunda (lar) **mı**?	

84.7 Make questions. Bilde Fragen.
1. sen / bu / yapmak   *Sen bunu yapmak zorunda mısın?*
2. biz / ev / gitmek
3. ben / oraya / gitmek
4. sen / sabah / erken kalkmak
5. o / bir araba / almak

6. biz / bu film / izlemek _____
7. onlar / İstanbul / yaşamak _____
8. siz / sigara / içmek _____
9. sen / iş / gitmek _____
10. o / Türkçe / öğrenmek _____

84.8 Give short answers. Gib kurze Antworten.
1. "Sen işe gitmek zorunda mısın?" *Evet, gitmek zorundayım. / Hayır, değilim.*
2. "Öğretmen ödev vermek zorunda mı?" _____
3. "Sen Türkçe öğrenmek zorunda mısın?" _____
4. "Sen yarın erken kalkmak zorunda mısın?" _____
5. "Sen bugün yemek yapmak zorunda mısın? _____
6. "Sen her sabah tıraş olmak zorunda mısın?" _____
7. "Sen sözlüğü kullanmak zorunda mıyız?" _____
8. "Sen sigara içmek zorunda mısın?" _____
9. "Sen su içmek zorunda mıyız?" _____
10. "Sen televizyon izlemek zorunda mısın?" _____

Lesson 85 : O Türkçe öğrenmeli.
Suggestions & Obligation • Vorschläge & Pflichten

Turkish	Your Language
O Türkçe öğren**meli**.	
O Türkçe öğren**meli mi?**	
O Türkçe öğren**memeli**.	

– **meli / malı** – is used for both suggestion and obligation.

– **meli / malı** – wird für Vorschläge und Pflichten verwendet.

85.1 Rewrite the verbs with appropriate suffixes. Nutze das richtige Suffix.

1. almak   O almalı.   O almalı mı?   O almamalı.
2. etmek
3. anlamak
4. başlamak
5. bakmak
6. bilmek
7. bulmak
8. dönmek
9. çalışmak
10. düşünmek
11. konuşmak
12. okumak
13. ödemek
14. uyumak
15. yemek

85.2 Make sentences. Bilde Sätze.

1. o / alışveriş yapmak   O alışveriş yapmalı.
2. o / ders çalışmak
3. o / Türkçe öğrenmek
4. o / parti vermek
5. o / ona yardım etmek
6. o / meyve yemek
7. o / ders çalışmak
8. o / onu ziyaret etmek
9. o / ödev yapmak
10. o / diyet yapmak

Turkish	Your Language
Ben Türkçe öğren**meli**yim.	
Sen Türkçe öğren**meli**sin.	
O Türkçe öğren**meli**.	
Biz Türkçe öğren**meli**yiz.	
Siz Türkçe öğren**meli**siniz.	
Onlar Türkçe öğren**meli**(ler).	
O yemek yap**malı**.	

Turkish	Your language
Ben Türkçe öğren**meme**l**i**yim. Sen Türkçe öğren**meme**l**i**sin. O Türkçe öğren**memeli**. Biz Türkçe öğren**memeli**yiz. Siz Türkçe öğren**memeli**siniz. Onlar Türkçe öğren**memeli**(ler). O yemek yap**mamalı**.	

Turkish	Your Language
Ben Türkçe öğren**meli mi**yim? Sen Türkçe öğren**meli mi**sin? O Türkçe öğren**meli mi**? Biz Türkçe öğren**meli mi**yiz? Siz Türkçe öğren**meli mi**siniz? Onlar Türkçe öğren**meli**(ler) **mi**? O yemek yap**malı mı**?	

85.3 Rewrite the verbs with appropriate suffixes. Nutze das richtige Suffix.
1. (ben) almak   *Ben almalıyım.*   *Ben almalı mıyım?*   *Ben almamalıyım.*
2. (sen) etmek
3. (biz) anlamak
4. (siz) başlamak
5. (onlar) bakmak
6. (ben) bilmek
7. (sen) bulmak
8. (biz) dönmek
9. (siz) çalışmak
10. (onlar) düşünmek
11. (ben) konuşmak
12. (sen) okumak
13. (biz) ödemek
14. (siz) uyumak
15. (onlar) yemek

85.4 Give suggestions using "- meli / malı - ". Schlage vor.
1. "Tekrar yap."   *Tekrar yapmalısın.*
2. "Daha hızlı sür." _____
3. "Acele et." _____
4. "Konuşmayı kes." _____
5. "Beni dinle." _____
6. "Bana yardım et." _____
7. "Otur." _____
8. "Güzel konuş." _____
9. "Sebze ye." _____
10. "Su iç." _____

85.5 Rewrite the sentences. Schreibe um.
1. "Ben alışveriş yapacağım. Bu gerekli." *Ben alışveriş yapmalıyım.*
2. "Sen ders çalışacaksın. Bu gerekli." _____
3. "Siz Türkçe öğreneceksiniz. Bu gerekli." _____
4. "Biz bir araba alacağız.. Bu gerekli." _____
5. "Sen ona yardım edeceksin. Bu gerekli." _____
6. "Ben meyve yiyeceğim. Bu gerekli." _____
7. "Biz ders çalışacağız. Bu gerekli." _____
8. "Biz onu ziyaret edeceğiz. Bu gerekli." _____
9. "Sen ödev yapacaksın. Bu gerekli." _____
10. "Ben diyet yapacağım. Bu gerekli." _____

85.6 Give suggestions to your friend. Gib einem Freund einen Ratschlag.
1. "Ben çok şişmanım." (diyet yapmak)   *Diyet yapmalısın.*
2. "Benim dişim çok ağrıyor." (dişçi / gitmek) _____
3. "Haftaya bir sınav var." (çok çalışmak) _____
4. "Kedi çok hasta." (veteriner / götürmek) _____
5. "Benim başım ağrıyor." (ilaç almak) _____
6. "Senin saçların çok uzun." (berber / gitmek) _____
7. "Ben çok öksürüyorum." (doktor / gitmek) _____
8. "Biz geç kaldık." (acele etmek) _____
9. "Ben paramı kaybettim." (dikkatli olmak) _____
10. "Araba çok kirli." (araba / yıkamak) _____

85.7 Give suggestions using "Bence ... – melisin / malısın ..." ya da "Neden ... – miyorsun?"
Gib Vorschläge mit "Bence ... – melisin / malısın ..." ya da "Neden ... – miyorsun?"

1. "Ben çok üşüyorum." (ısıtıcı / yakmak)
   Bence ısıtıcıyı yakmalısın. / Neden ısıtıcıyı yakmıyorsun?/ Isıtıcıyı yaksana.
2. "Benim ateşim var." (doktor / gitmek)
   _____
3. "Bu oda çok sıcak." (pencere / açmak)
   _____
4. "Benim canım sıkılıyor." (film izlemek)
   _____
5. "Ben çok susadım." (bir şey içmek)
   _____
6. "Benim uykum var." (yatmak / uyumak)
   _____
7. "Ben çok kilo aldım." (egzersiz yapmak)
   _____
8. "Ben bugün çok yoruldum." (dinlenmek)
   _____
9. "Benim dişim ağrıyor." (dişçi / gitmek)
   _____
10. "Bugün yağmur yağacak." (yanına şemsiye almak)
    _____

85.8 Make the sentences negative. Bilde negative Sätze.
1. Sen soğuk su içmelisin.   *Sen soğuk su içmemelisin.*
2. O çok yemek yemeli.   _____
3. Siz sigara içmelisiniz.   _____
4. Biz geç yatmalıyız.   _____
5. Sen derste konuşmalısın.   _____
6. O sinemada gürültü yapmalı.   _____
7. Sen işe geç kalmalısın.   _____
8. Biz geç yatmalıyız.   _____
9. Sen çok içmelisin.   _____
10. Şoför kırmızı ışıkta geçmeli. _____

85.9 Make the sentences negative. Bilde negative Sätze.
1. "Emine derste konuşuyor."   *Emine derste konuşmamalı.*
2. "Reha kışın denize giriyor."   _____
3. "O günde iki paket sigara içiyor."   _____
4. "Biz her zaman kavga ediyoruz."   _____

5. "Ben çok kahve içiyorum." _____
6. "Benim babam her gece içki içiyor." _____
7. "Sen çok yemek yiyorsun." _____
8. "Çocuklar dişlerini fırçalamıyor." _____
9. "Sen çok fazla dışarı çıkıyorsun." _____
10. "Sen yemeğe çok tuz atıyorsun." _____

85.10 Make sentences using "Bence –meli / malı" ya da "Bence –memeli / mamalı".
Bilde Sätze und "Bence –meli / malı" ya da "Bence –memeli / mamalı".

1. "Petek çok hasta." (dinlenmek) *Bence o dinlenmeli.*
2. "Cem 17, İpek de 16 yaşında. Onlar evlenmek istiyorlar." (henüz evlenmek)
   _____
3. "Korhan araba kullanıyor. Ama onun gözlüğü yanında değil." (gözlüksüz araba kullanmak)
   _____
4. "Benim dişim ağrıyor." (dişçi / gitmek)
   _____
5. "Benim ayakkabımın altı delindi. Geçen hafta almıştım." (geri götürmek)
   _____
6. "Hande'nin telefon faturası inanılmaz! 200 milyon Lira." (çok fazla telefon / konuşmak)
   _____
7. "İpek ağlıyor. Çünkü ben onu ittim." (özür dilemek)
   _____
8. "Sen çok konuşuyorsun." (biraz sessiz olmak)
   _____

85.11 Ask for suggestions using "Sence –meli miyim? / malı mıyım?".
Frage nach einem Ratschlag und nutze "Sence –meli miyim? / malı mıyım?".

1. "Can bana evlenme teklifi etti." (kabul etmek) *Sence ben kabul etmeli miyim?*
2. "Ben Tuna ile konuşmuyorum. Ama o beni davet etti. (partiye gitmek)
   _____
3. "Hasan hala bana bisikleti geri vermedi." (geri istemek)
   _____
4. "Bir parti veriyorum." (kim / davet etmek)
   _____
5. "Lale bugün benimle konuşmuyor. Çünkü ben ona aptal dedim." (özür dilemek)
   _____
6. "Bu televizyon harika. Ama çok pahalı." (satın almak)
   _____

Lesson 86 : O film izlemiş.
Reporting III • Perfekt

Turkish	Your Language
O film izledi.	
O film izle**miş**.	
O film izliyor.	
O film izliyor**muş**.	
O film izleyecek.	
O film izleyecek**miş**.	

– **miş** / **mış** / **müş** / **muş** is used for reporting sentences.

Mit – **miş** / **mış** / **müş** / **muş** drückt der Sprecher eine Ergebnisvergangenheit aus (er soll den Film gesehen haben...).

Turkish	Your Language	Turkish	Your Language
g<u>e</u>lmiş		k<u>a</u>lmış	
<u>i</u>çmiş		ç<u>ı</u>kmış	
d<u>ö</u>vmüş		d<u>o</u>ğmuş	
g<u>ü</u>lmüş		b<u>u</u>lmuş	
uy<u>u</u>muş			

86.1 Rewrite the verbs with appropriate suffixes. Nutze das richtige Suffix.

1. almak   *O almış.*   *O alıyormuş.*   *O alacakmış.*
2. etmek
3. anlamak
4. başlamak
5. bakmak
6. bilmek
7. bulmak
8. dönmek
9. çalışmak
10. düşünmek
11. konuşmak
12. okumak

13. ödemek _____
14. uyumak _____
15. yemek _____

86.2 Make sentences. Bilde Sätze.
1. o / şarkı söylemek   *O şarkı söylüyormuş / söylemiş / söyleyecekmiş.*
2. o / dans etmek _____
3. o / yemek yemek _____
4. o / ders çalışmak _____
5. o / tenis oynamak _____
6. o / müzik dinlemek _____
7. o / araba sürmek _____
8. o / çay içmek _____
9. o / kahvaltı yapmak _____
10. o / kitap okumak _____
11. o / yazı yazmak _____
12. o / soru sormak _____
13. o / kahve istemek _____
14. o / yemek pişirmek _____

Turkish	Your Language
O bir film izledi.	
O bir film izlemiş.	
Onlar bir film izledi**ler**.	
Onlar bir film izlemiş**ler**.	

86.3 Report these sentences. Schreibe um.
1. "Orhan tatilden döndü."   *"Orhan tatilden dönmüş."*
2. "Çocuklar okula gittiler." _____
3. "Ayşe Can'ı öptü." _____
4. "Bebek uyuyor." _____
5. "Onlar ödev yapacaklar." _____
6. "Öğretmen yazı yazıyor." _____
7. "Onlar futbol oynadılar." _____
8. "Hakan yemek yaptı." _____
9. "Tuğba bara gidecek." _____
10. "Öğretmen ödev verecek." _____
11. "Cem Bey dışarı çıktı." _____
12. "Adam çocuğu dövdü." _____

13. "Hırsız telefonu çaldı." _____
14. "Çocuklar ders çalışıyorlar." _____
15. "Levent beni seviyor." _____

Lesson 87 : Ben sinemaya gittim.
To • nach

Turkish	Your Language
gitmek Aylin sinema**ya git**ti.	
vermek O Aylin'**e** bir kitap **ver**di.	
almak Bu hediyeyi Aylin'**e al**dım.	
getirmek Bunu Aylin'**e getir**dim.	
bakmak Ben Aylin'**e bak**tım.	
başlamak Aylin iş**e başla**dı.	
koymak Aylin çiçekleri vazo**ya koy**du.	

Some verbs are used with the suffix – **(y) e / a** (to).
Einige Verben werden mit **(y) e / a** (nach) genutzt.

bağırmak	bakmak	başlamak	benzemek	binmek
dokunmak	dönmek	gelmek	gitmek	gülmek
kızmak	oturmak	sarılmak	telefon etmek	vermek
vurmak	yardım etmek			

87.1 Answer the questions. Beantworte die Fragen.
1. Ali neye bindi? (otobüs) — *Ali otobüse bindi.*
2. Orhan neye başladı? (iş)
3. Adam kime vurdu? (çocuk)
4. Meral kime sarıldı? (Murat)
5. Annen kime telefon etti? (doktor)
6. O neye başladı? (öğrenmek)
7. Arkadaşın nereye döndü?
8. O bu kitabı kime aldı? (Ayşe)
9. O kime yardım etti? (öğrenci)
10. O kime bir hediye verdi? (ben)
11. Aslı nereye gitti? (parti)
12. Kadın nereye oturdu? (sandalye)
13. Yolcular neye bindi? (uçak)
14. Ali kime su verdi? (Ümit)
15. Hilal kitabı nereye koydu? (masa)

Turkish	Your Language
onun arabası (özne)	
onun arabası**na** (nesne)	
Ali'nin arabası (özne)	
Ali'nin arabası**na** (nesne)	
Türk filmi (özne)	
Türk filmi**ne** (nesne)	

If the objects are the expressions like **onun arabası / Ali'nin arabası / Türk filmi** the suffix becomes – **ne / na**.

Ist das Objects z.B. **onun arabası / Ali'nin arabası / Türk filmi**, dann wird das Suffix zu – **ne / na**.

87.2 Answer the questions. Beantworte die Fragen.
1. O neye başladı? (Türkçe kurs) — *O Türkçe kursuna başladı.*
2. O kime hediye aldı? (onun kardeşi)
3. O kime kızdı? (adam)
4. O neye güldü? (komedi filmi)
5. O neye güldü? (film)
6. O kime yardım etti? (Ali'nin babası)
7. O nereye gitti? (futbol maçı)
8. O kime yardım etti? (yaşlı kadın)

9. O kime benziyor? (onun annesi)
10. O nereye döndü? (İstanbul)
11. O kime telefon etti? (onun arkadaşı)
12. O neye bindi? (Kadıköy vapur)
13. O nereye gitti? (Çin lokantası)
14. O nereye oturdu? (koltuk)
15. O nereye gidiyor? (okul)

Lesson 88 : [Top oynayan] çocuk benim arkadaşım.
en- Participle • en- Partizip

Turkish	Your Language
Çocuk top **oynuyor**. Çocuk benim arkadaşım. Hangi çocuk? [Top oyna**yan**] çocuk.	

To express an event in reality Turkish uses the en-participle – **(y) en / an** as attribute.

Im Türkischen drückt das en-Partizip – **(y) en / an** ein reales Ereignis aus und wird attributiv genutzt (die Ball spielenden Kinder).

88.1 Rewrite the verbs with appropriate suffixes. Nutze das richtige Suffix.
1. almak — *alan*
2. etmek
3. anlamak
4. başlamak
5. bakmak
6. bilmek
7. bulmak
8. dönmek
9. çalışmak
10. düşünmek
11. konuşmak
12. okumak
13. ödemek
14. uyumak
15. yemek

88.2 Answer the questions. Beantworte die Fragen.
1. Hangi çocuk senin kardeşin? (top oynamak) *Top oynayan çocuk*
2. Hangi adam Ahmet Bey? (rakı içmek) _____
3. Hangi öğrenci çalışkan? (ders çalışmak) _____
4. Hangi kız daha güzel? (dans etmek) _____
5. Hangi kadın çay istiyor? (masada oturmak) _____
6. Hangi çocuk en iyi? (şarkı söylemek) _____
7. Hangi adam garson? (tepsi taşımak) _____
8. Hangi adam senin öğretmenin? (çay içmek) _____
9. Hangi adam onun amcası? (yemek yemek) _____
10. Hangi futbolcu en iyi? (en hızlı koşmak) _____

Lesson 89 : O [ekmek almak için] bakkala gitti.
Infinitive of Purpose • Zweck

Turkish	Your Language
O bakkala gitti.	
Çünkü o ekmek almak için istiyor.	
O [ekmek almak için] bakkala gitti.	

- **mek / mak için** is used for intention.
- **mek / mak için** drückt eine Absicht aus.

89.1 Why? Make sentences. Warum? Bilde Sätze.
1. Türkçe / öğrenmek   *Türkçe öğrenmek için.*
2. tatil / yapmak
3. ekmek / almak
4. e-posta / göndermek
5. film / izlemek
6. İngilizce / öğrenmek
7. alışveriş / yapmak
8. iş / bulmak
9. araba / almak
10. zengin / olmak

89.2 Fill in the blanks with the expressions. Fülle die Lücken mit Ausdrücken.

film izlemek	rakı içmek	yemek yemek	muayene olmak
e-posta göndermek	ekmek almak		alışveriş yapmak
para kazanmak	İngilizce öğrenmek		tatil yapmak

1. Arda _____ İngiltere'ye gidiyor.
2. Ben _____ İnternet'e girdim.
3. Biz _____ lokantaya gidiyoruz.
4. Ben _____ çok çalışıyorum.
5. Selin _____ doktora gitti.
6. Onur _____ bakkala gitti.
7. Biz _____ sinemaya gidiyoruz.
8. Annem _____ çarşıya gitti.
9. Nilgün _____ Antalya'ya gidecek.
10. Erhan _____ meyhaneye gitti.

Lesson 90 : [Benim gitmem] gerek.
Necessity & Obligation • Zwang, Muss & Pflicht

Turkish	Your Language
Türkçe öğrenmeliyim.	
Bu gerekli.	
Türkçe öğrenmek gerek / lazım.	
Türkçe öğrenmek şart.	

gerek / lazım is used for necessity, **şart** is used for strong obligation.

gerek / lazım drücken ein Muss aus, **şart** stellt eine starke Pflicht dar.

90.1 Make sentences. Bilde Sätze.
1. Türkçe öğrenmek *Türkçe öğrenmek gerek / lazım / şart.*
2. okula gitmek
3. az yemek yemek
4. çok çalışmak
5. erken yatmak
6. bol bol su içmek
7. otobüse binmek
8. para kazanmak
9. Türkçe bilmek
10. izin almak

90.2 Make sentences. Bilde Sätze.
1. Türkiye'de yaşamak / Türkçe öğrenmek
   Türkiye'de yaşamak için Türkçe öğrenmek gerek / lazım / şart.
2. eğitim almak / okula gitmek

3. kilo vermek / az yemek yemek

4. para kazanmak / çok çalışmak

5. erken kalkmak / erken yatmak

6. sağlıklı olmak / bol bol su içmek

7. işe gitmek / otobüse binmek

8. ev almak / para kazanmak

9. o adam ile konuşmak / Türkçe bilmek

10. dışarı çıkmak / izin almak

Turkish	Your Language
Benim gitmem gerek.	
Senin gitmen gerek.	
Onun gitmesi gerek.	
Bizim gitmemiz gerek.	
Sizin gitmeniz gerek.	
Onların gitmeleri gerek.	
Benim yapmam gerek.	
Senin yapman gerek.	
Onun yapması gerek.	
Bizim yapmamız gerek.	
Sizin yapmanız gerek.	
Onların yapmaları gerek.	

90.3 Rewrite the verbs with appropriate suffixes. Nutze das richtige Suffix.

1. (ben) almak   *Benim almam gerek.*
2. (sen) etmek
3. (o) anlamak
4. (biz) başlamak
5. (siz) bakmak
6. (onlar) bilmek
7. (ben) bulmak
8. (sen) dönmek
9. (o) çalışmak
10. (biz) düşünmek
11. (siz) konuşmak
12. (onlar) okumak
13. (ben) ödemek
14. (sen) uyumak
15. (o) yemek

90.4 Make sentences. Bilde Sätze.

1. ben / ders çalışmak   *Benim ders çalışmama gerek / lazım / şart.*
2. biz / hemen çıkmak
3. sen / kilo vermek
4. siz / bana yardım etmek
5. o / erken kalkmak
6. onlar / bir otelde kalmak
7. sen / onunla konuşmak

8. o / çok çalışmak
9. ben / yemek yemek
10. siz / oraya gitmek
11. ben / dışarı çıkmak
12. biz / toplantı yapmak
13. sen / bunu yapmamak
14. onlar / evlenmek
15. ben / uyumak

Lesson 91 : [Onun bir doktor olduğu] doğru.
Clauses I • Sätze I

Turkish	Your Language
O bir doktor(**dur**).	
Bu doğru.	
[Onun doktor **olduğu**] doğru.	
O bir doktor **değil**.	
[Onun doktor **olmadığı**] doğru.	

Clauses in Turkish are made with the suffix – **diği / dığı / düğü / duğu**.

Sätze werden mit dem Suffix – **diği / dığı / düğü / duğu** gebildet.

Turkish	Your Language
Benim doktor olduğ**um** …	
Senin doktor olduğ**un** …	
Onun doktor olduğu …	
Bizim doktor olduğ**umuz** …	
Sizin doktor olduğ**unuz** …	
Onların doktor olduk**ları** …	

91.1 Combine the sentences. Kombiniere die Sätze.

1. O akıllı bir çocuk. Bu doğru.   *Onun akıllı bir çocuk olduğu doğru.*
2. O güzel bir kız. Bu açık.   _____
3. Sen çok hastasın. Bu doğru.   _____
4. O güzel değil. Bu kesin.   _____
5. Sen haklısın. Bu kesin.   _____
6. Onlar evli. Bu çok açık.   _____
7. Biz çok iyi arkadaşız. Bu doğru.   _____
8. Siz çalışkan değilsiniz. Bu kesin.   _____
9. Sen çok üzgünsüz. Bu belli.   _____
10. O iyi bir iş. Bu doğru.   _____
11. Sen çok yorgunsun. Bu doğru.   _____
12. Bu alıştırma zor. Bu kesin.   _____

Turkish	Your Language
Onun bir evi **var**.	
Bu doğru.	
[Onun bir evi**nin olduğu**] doğru.	
Onun bir evi **yok**.	
[Onun bir evi**nin olmadığı**] doğru.	

Turkish	Your Language
Benim bir arabam var. Bu doğru.	
Benim bir arabam**ın olduğu** doğru.	
Senin bir araban var. Bu doğru.	
Senin bir araban**ın olduğu** doğru.	
Onun bir arabası var. Bu doğru.	
Onun bir arabası**nın olduğu** doğru.	
Bizim bir arabamız var. Bu doğru.	
Bizim bir arabamız**ın olduğu** doğru.	
Sizin bir arabanız var. Bu doğru.	
Sizin bir arabanız**ın olduğu** doğru.	
Onların bir arabaları var. Bu doğru.	
Onların bir arabaları**nın olduğu** doğru.	

91.2 Combine the sentences. Kombiniere die Sätze.

1. Onun güzel bir evi var. Bu kesin.
   Onun güzel bir evi olduğu kesin.
2. Sizin güzel bir arabanız var. Bu belli.

3. Onun bir bilgisayarı var. Bu kesin.

4. Benim bir arabam yok. Bu doğru.

5. Benim sorunlarım var. Bu doğru.

6. Bizim bazı sorunlarımız var. Bu şüphesiz.

7. Onun bir evi yok. Bu çok açık.

8. Senin güzel bir kız kardeşin var. Bu kesin.

9. Onun bir tane bisikleti var. Bu doğru.

10. Onların bir işi var. Bu doğru.

Lesson 92 : [Onun Türkçe bildiği] doğru.
Clauses II • Sätze II

Turkish	Your Language
O Türkçe biliyor.	
Bu doğru.	
[Onun Türkçe bil**diği**] doğru.	
O Türkçe bil**mi**yor.	
[Onun Türkçe bil**mediği**] doğru.	

Turkish	Your Language	Turkish	Your Language
g<u>e</u>ldiği		k<u>a</u>ldığı	
b<u>i</u>ldiği		taş<u>ı</u>dığı	
d<u>ö</u>vdüğü		d<u>o</u>ğduğu	
g<u>ü</u>ldüğü		b<u>u</u>lduğu	
i<u>ç</u>tiği			

92.1 Rewrite the verbs with appropriate suffixes. Nutze das richtige Suffix.

1. almak   *Onun aldığı doğru.*
2. etmek
3. anlamak
4. başlamak
5. bakmak
6. bilmek
7. bulmak
8. dönmek
9. çalışmak
10. düşünmek
11. konuşmak
12. okumak
13. ödemek
14. uyumak
15. yemek

Turkish	Your Language
Benim Türkçe bildiğ**im** ...	
Senin Türkçe bildiğ**in** ...	
Onun Türkçe bildiği ...	
Bizim Türkçe bildiğ**imiz** ...	
Sizin Türkçe bildiğ**iniz** ...	
Onların Türkçe bil**diği** / bildi**kleri** ...	

92.2 Rewrite the verbs with appropriate suffixes. Nutze das richtige Suffix.

1. (ben) almak   *Benim aldığım doğru.*
2. (sen) etmek
3. (biz) anlamak
4. (siz) başlamak

5. (onlar) bakmak _____
6. (ben) bilmek _____
7. (sen) bulmak _____
8. (biz) dönmek _____
9. (siz) çalışmak _____
10. (onlar) düşünmek _____
11. (ben) konuşmak _____
12. (sen) okumak _____
13. (biz) ödemek _____
14. (siz) uyumak _____
15. (onlar) yemek _____

92.3 Combine the sentences. Kombiniere die Sätze.

1. Onlar Türkçe konuşuyorlar. Bu doğru.
   Onların Türkçe konuştuğu / konuştukları doğru.
2. Ben seni seviyorum. Bu doğru.

3. Dün yağmur yağdı. Bu belli.

4. Maçı biz kazandık. Bu kesin.

5. O tatile çıktı. Bu doğru.

6. Sen çok çalışıyorsun. Bu açık.

7. O seni çok bekledi. Bu doğru.

8. Siz çok geç kaldın. Bu çok açık.

9. Biz ders çalışıyorlar. Bu kesin.

Lesson 93 : O [top oynadığı için] çok yorgun.
Clauses III • Sätze III

Turkish	Your Language
O top oynadı.	
Bu yüzden, o yorgun.	
O [top oyna**dığı** için] yorgun.	

– **diği için** is used instead of **çünkü**.

– **diği için** wird anstelle von **çünkü** verwendet.

Study the examples:
Çünkü o gel**iyor**.	... o gel**diği** için ...
Çünkü o gel**iyordu**.	... o gel**diği** için ...
Çünkü o gel**di**.	... o gel**diği** için ...
Çünkü o gel**ecek**.	... o gel**eceği** için ...

Turkish	Your Languages
... **ben** top oynadığ**ım** için ..	
... **sen** top oynadığ**ın** için ...	
... **o** top oynadığı için ...	
... **biz** top oynadığ**ımız** için ...	
... **siz** top oynadığ**ınız** için ...	
... **onlar** top oynadık**ları** için ...	

93.1 Rewrite the verbs with appropriate suffixes. Nutze das richtige Suffix.
1. (ben) almak   *Ben aldığı için...*
2. (sen) etmek   _____
3. (biz) anlamak   _____
4. (siz) başlamak   _____
5. (onlar) bakmak   _____
6. (ben) bilmek   _____
7. (sen) bulmak   _____
8. (biz) dönmek   _____
9. (siz) çalışmak   _____
10. (onlar) düşünmek   _____
11. (ben) konuşmak   _____

12. (sen) okumak _____
13. (biz) ödemek _____
14. (siz) uyumak _____
15. (onlar) yemek _____

93.2 Answer the questions. Beantworte die Fragen.
1. O niçin içeride bekliyor? (yağmur yağmak)   *Yağmur yağdığı için.*
2. O niçin yatıyor? (hasta olmak) _____
3. O niçin telefon etmedi? (unutmak) _____
4. O niçin geç kalktı? (geç yatmak) _____
5. O niçin tatile çıkmıyor? (çalışmak) _____
6. O niçin film izliyor? (sıkılmak) _____
7. O niçin Türkçe öğreniyor? (orada yaşamak) _____
8. O niçin Ankara'ya gitti? (gezmek istemek) _____
9. O niçin erken yatıyor? (yorgun olmak) _____
10. O niçin dışarı çıktı? (eğlenmek istemek) _____

93.3 Rewrite the sentences. Schreibe um.
1. O içeride bekliyor, çünkü yağmur yağıyor.
   Yağmur yağdığı için o içeride bekliyorum.
2. O yatıyor, çünkü o hasta.
   _____
3. O bana telefon etmedi, çünkü o unuttu.
   _____
4. O çok geç kalktı, çünkü o dün gece çok geç yattı.
   _____
5. O bu yaz tatile çıkmıyor, çünkü o çalışıyor.
   _____
6. O film izliyor, çünkü o sıkıldı.
   _____
7. O Türkçe öğreniyor, çünkü o Türkiye'de yaşıyor.
   _____
8. O Ankara'ya gitti, çünkü o Ali'yi görmek istedi.
   _____
9. O erken yatmak istiyor, çünkü o yorgun.
   _____
10. O dışarı çıktı, çünkü o eğlenmek istiyor.
    _____

Index

altında (under) *46*
arasında (between) *46*
arkasında (behind) *46*

benim (my) *27*
bir (one, a/an) *9*
bizim (our) *30*

çok (very, a lot) *44*

daha (more) *51*
- de (at/in) *17*
değil (not) *35*
demek (to say) *148*
demin (just) *140*
- den (from) *19*
- di (Past Suffix) *110, 122*
- diği (Subordinate Clauses) *211*
- dir (to be 3rd person) *24*
diye (reporting) *148*
dün (yesterday) *110*

- e (to) *15*
- ebilir (Ability) *85*
- ebiliyor (Ability) *95*
- ecek (Future Suffix) *157*
eğer (if) *170*
- elim mi (Shall we? Offer) *184*
- en (Adjective Clause) *206*
- erek (by doing) *150*
en (the most) *54*
- eyim mi (Shall I? Offer) *184*

geçen (last) *110*
gelecek (next) *167*
gerek (Necessity) *208*

hakkında (about) *48*
hem...hem de (both...and) *172*

hiç (ever, never) *140*

- i (Compound Nouns) *13*
- i (Definite Suffix, the) *62*
için (for) *48,* (Infinitive of purpose) *207*
içinde (in, inside) *46*
ihtiyaç (need) *81*
ile (with, by) *48*
- in (Possessive Suffix) *78*
- ince (when) *146*
- ip (and) *152*
istemek (want) *75*
- iş (Reciprocal Suffix) *192*

kaç tane (how many) *44*
kadar (as...as) *55,* (until) *133*
karşısında (opposite) *46*
- ken (while) *153*
kere (times) *140*
ki *187*

lazım (Necessity) *208*
- ler (Plural Suffix) *11*

- meli (Suggestion, obligation) *196*
mi (Question Word) *33*
- miş (Reporting) *202*

- ne (to) *204*
ne kadar (how much) *44*
ne...ne de (neither...nor) *172*
- ni (Deffinite Suffix, the) *141*

olmak / imek (verb to be) *24*
onların (their) *30*
onun (his, her, its) *27*

önce (ago) *110,* (before) *132*
önünde (in fron of) *46*

- se (if) *170*
- sene (Offer, insist) *183*
senin (your) *27*
sevmek (like) *75*
sizin (your) *30*
sonra (after) *130,* (later) *167*

şart (Obligation) *208*
şimdi (now) *73*
şu anda (at the moment) *73*

üstünde (on, over) *46*

var (There is) *22* (have) *41*
vardı (There was, had) *111*

Word Order *58*

yanında (beside, next to) *46*
yarın (tomorrow) *167*
ya...ya da (either...or) *172*
yok (There isn't) *23*
- yor (Present Suffix) *65*
- yordu (Past Continuous Suffix) *114*

zorunda (Obligation) *193*

About the Authors

Ali Akpınar has been lecturing in Turkish and English since 1997.
He graduated from Marmara University, Istanbul, in English Education. While his academic home discipline is English Studies his Turkish teaching is characterised by a distinctly interdisciplinary orientation. He also worked in co-operation with publishing companies and translation offices.
Ali Akpınar is currently working as author and Turkish as a Foreign Language teacher. Moreover, he owns his own business, Akpınar Yayıncılık, which focuses on language books and language training.

Katja Zehrfeld is author, entrepreneur, and German and English lecturer.
She holds an MA in German Linguistics, Literature and Culture, and American Studies from the Technical University of Dresden, Germany. She was awarded a study scholarship to Belmont University, USA.
In addition to working at universities and private language schools with students of all ages and levels, she also gained experience at the Goethe Institute Istanbul, Turkey, and the Max Planck Institute Leipzig, Germany, where her research focused on first and second language acquisition.
Katja Zehrfeld runs her own company, zehrfeld.eu, which specializes in language training, translating, publishing, and editing.

IF YOU ENJOYED THIS BOOK PLEASE CHECK OUT OUR OTHER TURKISH BOOKS

Grammar Books

- Turkish Grammar I
- Turkish Grammar II
- Turkish Grammar III

Vocabulary Developers

- Turkish Vocabulary Developer I
- Turkish Vocabulary Developer II
- Turkish Vocabulary Developer III
- Turkish Vocabulary Developer, Verbs
- Turkish Vocabulary Developer, Suffixes

Easy Readers / Beginner
- Turkish Fairy Tales
- Who is Who, Biographies I
- Here is the News I, Strange News
- Anatolian Myths, Troy
- Tales from Anatolian Folks I
- Easy Readers / Intermediate
- Who is Who, Biographies II
- What is What I
- What is What II
- Anatolian Myths, West Anatolia
- Anatolian Myths, East Anatolia
- Here is the News II
- Contemporary Turkish Short Stories I
- Contemporary Turkish Short Stories II
- Who is Who, Biographies III
- Contemporary Short Stories
- Easy Readers / Advanced
- Who is Who, Sait Faik
- Contemporary Turkish Plays, Dreadful Game

NOTES

NOTES

NOTES

For answer key and vocabulary visit

http://www.study-turkce.com/key.htm

Discussion forum for Study Turkish books

http://forum.study-turkce.com